HISTOIRE INTÉRIEURE

DE ROME

JUSQU'A LA BATAILLE D'ACTIUM

TIRÉE DES ROEMISCHE ALTERTHÜMER

DE

L. LANGE

PAR

A. BERTHELOT ET DIDIER

PARIS

ERNEST LEROUX, ÉDITEUR

28, Rue Bonaparte, 28

—

1886

FASCICULE N° 10

Souscription à l'ouvrage complet, 2 forts volumes : **20** fr.

Peut-être faut-il placer aussi en 104 la loi *Licinia de sumptu minuendo*[1] de P. Licinius Crassus Dives[2], qui fut plus tard consul en 97. Dans tous les cas elle ne peut être postérieure à la censure de M. Antonius et de L. Valerius Flaccus (97)[3], ni à la mort du poète Lucilius qui en parle[4]; or Lucilius étant mort en 103, la loi est antérieure à cette date[5]. Au reste une circonstance paraît l'établir; pendant qu'il était consul, donc en 105, P. Rutilius Rufus, l'ancien rival de Scaurus, l'ancien lieutenant de Metellus, prononça un discours *de modo œdificiorum*[6], ce qui prouve qu'on songeait à limiter les dépenses exagérées pour les constructions[7] aussi bien que pour les repas; l'idée d'une loi somptuaire était à l'ordre du jour.

C. Marius fut de nouveau nommé consul pour l'année 103, quoiqu'il fût absent de Rome[8]; sa popularité avait été encore accrue par la décision tout à fait impartiale qu'il venait de prendre au sujet de Trebonius; Trebonius avait tué un parent de Marius, C. Lusius, qui avait voulu le violenter avec insolence[9].

Le sénat laissa à Marius la province de Gaule[10]. Les Cimbres et les Teutons ne se montraient pas encore, alors C. Marius abandonna quelque temps son armée à son lieutenant M. Aquilius, et vint à Rome. Là il parut faire des difficultés pour accepter son nouveau consulat[11], et, après avoir joué un jeu dont les détails avaient été réglés d'avance, il se laissa contraindre[12] par le tribun L. Appuleius Saturninus[13]. On lui donna pour collègue Q. Lutatius Catulus; Catulus était un fin lettré,

[1]) Gell., 15, 8. 2, 24. Fest., *ep.* p. 54.
[2]) Mar., *Sat.*, 3, 17, 7 = 2, 13, 7.
[3]) Val. Max., 2, 9, 5.
[4]) Gell., 2, 24.
[5]) Hieronym., *Chron.*, p. 133 de Schœne.
[6]) Suet., *Aug.*, 89.
[7]) Cf. Varr., *r. r.* 1, 13, 7. Cic., *de Or.*, 2, 68, 275.
[8]) Liv., *ep.* 67.
[9]) Plut., *Mar.*, 14. *apophth. Mar.*, 3. Val. Max., 6, 1, 12. Cic., *Mil*, 4, 9. Schol. Bob., p. 279.
[10]) Cic., *de Prov. cons.*, 8, 19.
[11]) Liv., *ep.* 67.
[12]) Plut., *Mar.*, 14.
[13]) Cf. Gran., Lic., p. 21. édit. de Bonn.

un orateur éloquent[1], sa probité lui avait assuré l'estime du
sénat et du peuple[2]; depuis 106 il avait été tous les ans
candidat au consulat et candidat malheureux[3].

Enfin les Cimbres revinrent d'Espagne; ils s'entendirent
avec les Teutons pour attaquer l'Italie[4]. Marius infligea deux
sanglantes défaites aux Teutons et aux Ambrons près de Aquæ
Sextiæ (Aix); on dit que les ennemis eurent deux cent mille
soldats tués, quatre-vingt dix mille furent faits prisonniers[5]. A
la nouvelle de ces grands succès, le sénat vota cinq jours d'actions de grâces (*supplicatio*)[6], et C. Marius fut élu pour la cinquième fois consul[7]. Catulus, qui avait observé les Cimbres
dans la Gaule Cisalpine[8], fut prorogé dans son commandement. Marius vint à Rome pendant son cinquième consulat,
mais refusa d'accepter le triomphe tant que les Cimbres ne
seraient pas vaincus[9]. Il alla rejoindre Catulus, et tous deux
infligèrent aux Cimbres la fameuse défaite de Verceil, où les
ennemis perdirent cent quarante mille morts et soixante mille
prisonniers[10]. Tous les amis de Catulus comme ceux de Marius,
étaient unanimes à attribuer à ce dernier le succès de la jour-
née[11]. Sans doute l'armée de Catulus avait conquis les plus bril-
lants trophées[12], mais on savait que Catulus avait été impuis-
sant à défendre les passages des Alpes[13]. C'était bien au génie
militaire de Marius[14], aux perfectionnements apportés par lui

[1]) Cic., *Brut.*, 35, 74, 259. *de Or.*, 2, 7, 28. 3, 8, 29. Quint., 11, 3, 35.
[2]) Plut., *Mar.*, 14.
[3]) Cic., *Planc.*, 5, 12. *Mur.*, 17, 36.
[4]) Liv., *ep.* 67. Obseq. 43.
[5]) Liv., *ep.* 67. Obseq., 44. Oros., 5, 16. Plut., *Mar.*, 15-21. *apophth.*
Mar., 4. Vell., 2, 12. Flor., 3, 3, 7-10. Eutr., 5, 1. Dio C., fr. 94 B.
Val. Max., 6, 1, 3.
[6]) Cic., *Prov. cons.*, 11, 26.
[7]) Liv., *ep.* 68. Plut., *Mar.*, 22.
[8]) Plut., *Mar.*, 15.
[9]) Plut., *Mar.*, 24. Liv., *ep.* 68.
[10]) Liv., *ep.* 68. Obseq., 44. Oros., 5, 16. Vell. 2, 12. Plut., *Mar.*,
24-27. Flor., 3, 3, 11 et seq. Eutr., 5, 2. Dio C., fr. 94, 2 B. Aur. Vict.,
Vir. ill., 67. App., *Cell.*, 1.
[11]) Plut., *Mar.*, 25.
[12]) Eutr., 5, 2.
[13]) Liv., *ep.* 68. Plut., *Mar.*, 23. *apophth. Cat.*
[14]) Plut., *Mar.*, 13.

dans l'armement[1] (le *pilum*), à ses talents stratégiques qu'il fallait attribuer le mérite du succès définitif. Du reste Marius se montra généreux, il loua beaucoup Catulus, et ne voulut pas triompher deux fois comme on le lui proposait ; il ne voulut avoir qu'un seul triomphe, auquel dut prendre part Catulus[2]. La haine des nobles pour l'homme nouveau était maintenant paralysée ; partout, dans toutes les classes, Marius était acclamé comme le sauveur de Rome[3].

Investi d'un commandement depuis sept années sans interruption, Marius était arrivé à la première place de l'État ; ses services militaires l'avaient mis à côté de M. Furius Camillus, de Scipion l'Africain ; jamais aucun citoyen ne s'était élevé si haut, n'avait acquis une popularité si grande. Les deux seuls nobles qui avaient rendu quelques services pendant les dix dernières années, Q. Metellus Numidicus et Q. Catulus, ne pouvaient pas se mesurer avec lui. Restait à savoir si Marius serait aussi capable de faire cesser les rivalités de parti qui affaiblissaient l'État, s'il saurait inspirer un esprit nouveau à la république. Malheureusement la corruption était profonde ; il faut reconnaître que d'autres, mieux trempés, d'une moralité plus scrupuleuse, auraient également échoué. Les preuves de cet état morbide sont nombreuses ; inutile de rappeler les faits de corruption qui ont été relevés plus haut, de montrer les plus grands personnages se laissant entraîner jusqu'au vol pour s'enrichir. Il faut étudier aussi la situation du peuple ; à ce moment nous le trouvons saisi d'une terreur ridicule pour les prodiges[4], on se mutile en l'honneur de la grande déesse de l'Ida (*mater Idæa*)[5]. Les lois les plus sacrées de la famille sont violées aussi bien dans le peuple que chez les nobles : Q. Fabius Maximus Servilianus (ou Eburnus) fait assassiner son fils qui avait été condamné à juste titre : pour

[1] Plut., *Mar.*, 25.

[2] Liv., *ep.* 68. Plut., *Mar.*, 27. Val. Max., 9, 12, 4. Cic., *Tusc.*, 5, 19, 56.

[3] Liv., *ep.* 68. Plut., *Mar.*, 27. Val. Max., 8, 15, 7. Cic., *Cat.*, 4, 10, 21. *Rab. perd.*, 10, 27. *Sest.*, 16, 37.

[4] Obseq., 44 donne de nombreux exemples ; Plut., *Mar.*, 17. Diod., 36, 6.

[5] Obseq., 44.

ce fait le père est accusé devant le peuple par Cn. Pompée, et condamné[1]. Un certain Publicius Malleolus tue sa mère; c'est le premier exemple de ce genre que relèvent les annales de Rome; le meurtrier expia d'ailleurs son crime[2].

[1] Oros., 5, 16. Val. Max., 6, 1, 5. Quint., *Decl*, 3, 17.
[2] Liv., *ep.* 68. Oros., 5, 16. Cornif., *ad Her.*, 1, 13, 23.

CHAPITRE CINQUIÈME

Pendant les deux guerres de Jugurtha et des Cimbres, il ne fut pas question de lois agraires; la loi de 111 avait été le dernier acte législatif sur ce sujet. En 104, le tribun L. Marcius Philippus présenta une nouvelle *rogatio agraria*. L. Philippus était un vrai démocrate, un ami du peuple[1], l'orateur le plus éloquent après Crassus et Antoine[2]. Nous ne connaissons sa proposition que par quelques passages de Cicéron[3], elle ne devait pas renfermer de dispositions sur le partage des terres, elle devait proposer seulement la suppression des articles de la loi de 111, en vertu desquels les possessions de l'ager publicus avaient été transformées en propriétés, l'ager publicus était devenu ager privatus. Il voulait ramener la question au point où elle était avant la loi de Bæbius (111), et rendre possible l'exécution des lois semproniennes. L. Philippus reconnaissait d'ailleurs que sa loi était loin de résoudre les difficultés soulevées par la question agraire. Il fit une enquête sur la situation économique de la République, et constata franchement que le bien-être devenait de moins en moins général; il avoua qu'on trouverait à peine deux mille citoyens qui fussent dans l'aisance. Mais il était difficile de revenir sur ce qui avait été fait en 111; les optimates firent échouer la proposition de L. Philippus; le tribun paraît avoir accepté son échec avec résignation.

[1]) Hor., *ep.*, 1, 7, 46.
[2]) Cic., *Brut.*, 47, 173. 50, 186.
[3]) Cic., *de Off.*, 2, 21, 73.

On avait continué à faire exploiter les propriétés agricoles par les esclaves en Italie et en Sicile. On en vit bientôt les conséquences. Il y eut des révoltes d'esclaves, peu sérieuses d'abord, dans le sud de l'Italie, mais la dernière fut assez menaçante, il fallut envoyer pour la réprimer le préteur L. Licinius Lucullus avec 4,000 fantassins et 300 cavaliers (c'est-à-dire une légion[1]); bientôt après éclata un soulèvement général en Sicile, dans les circonstances suivantes[2].

Les fermiers des douanes dans les provinces augmentaient leurs revenus par le commerce des esclaves; ils achetaient des hommes libres qui avaient été enlevés sur les frontières des royaumes alliés avec Rome, et les revendaient comme esclaves aux négociants qui faisaient cette sorte de trafic. Un jour, pendant son second consulat, Marius fut chargé par le sénat de demander des troupes à Nicomède de Bithynie; Nicomède répondit qu'il ne pouvait pas envoyer de troupes, parce que les hommes libres de Bithynie avaient été enlevés en grande partie et réduits en esclavage par les Romains. Le sénat s'occupa de l'affaire, défendit ce commerce d'esclaves, et ordonna aux gouverneurs des provinces de rendre à la liberté tous les esclaves qui avaient été enlevés dans les royaumes alliés. En Sicile le préteur P. Licinius Nerva commença l'exécution de ce décret; en quelques jours 800 esclaves furent rendus à la liberté. Les propriétaires réclamèrent, et le préteur suspendit immédiatement l'exécution de décret sénatorial. Alors les esclaves voyant fuir une liberté qui leur avait été promise, voulurent l'obtenir par la force.

P. Licinius Nerva se rendit facilement maître du premier attroupement, grâce à la connivence d'un meurtrier fugitif qui trahit les esclaves. Mais l'esclave Tryphon organisa un second soulèvement beaucoup plus considérable; les troupes envoyées par Nerva furent battues deux fois; sur un autre point de l'île Athénion organisa une véritable armée d'insurgés. Les deux armées fusionnèrent; Tryphon, nommé roi, installa sa cour à Triocala, Athénion tint la campagne. La situation

[1]) Diod., 36, 1.
[2]) Diod., 36, 1 et seq. Flor., 3, 19. Dio C. fr. 93 B.

devint telle qu'on vit des hommes libres se joindre aux esclaves pour piller[1]. A Rome on fut très inquiet; la guerre
contre les Cimbres n'était pas finie, et réclamait toutes les
forces de la République. Le nouveau gouverneur, L. Licinius
Lucullus battit Athénion en 103 à Scirthæa; mais il n'activa
pas les travaux du siège de Triocala, accorda des congés à ses
soldats, perdit son matériel de guerre, de sorte que son successeur, C. Servilius, ne trouva rien de prêt pour achever de
vaincre l'insurrection[2]. Les choses allèrent si mal qu'on fut
obligé d'envoyer en Sicile le consul M. Aquilius, le collègue
de Marius pendant son cinquième consulat[3]. Après un an
d'efforts il battit successivement Athénion, devenu roi après
la mort de Tryphon, et Satyros, le chef des dernières bandes
qui tinrent campagne[4].

En présence de pareils faits, l'opposition démocratique
songea à reprendre les réformes des Gracques. On reprit le
projet qui avait été abandonné par L. Philippus devant l'opposition des nobles; malheureusement l'exécution en fut
confiée à des démagogues sans honneur, à des hommes
perdus de réputation : L. Appuleius Saturninus, et L. Servilius Glaucia[5]. L. Saturninus avait déjà rempli plusieurs
charges; questeur d'Ostie, il avait montré une telle négligence dans une année de famine, que le sénat avait été obligé
de lui enlever la charge de veiller aux approvisionnements
(*cura rei frumentariæ*) pour la confier au prince du sénat,
Scaurus[6]. Tribun en 103, il avait fait condamner Cn. Mallius en
faisant établir un tribunal exceptionnel[7]; il avait aussi fait
décider l'établissement d'une colonie pour les soldats de Marius[8]; il avait ensuite soutenu avec une grande énergie la
candidature de Marius à son quatrième consulat. C. Servilius

---

[1] Cf. Diod., 36, 4.
[2] Diod., 36, 2.
[3] Diod., 36, 3.
[4] Liv., ep., 69. Obseq., 45. Cf. Cic., *in Verr. accusat.*, 3, 54, 125.
2, 5. *de Leg. agr.*, 2, 30, 83. Schol. Bob., p. 246. Ps. Ascon., p. 210.
[5] Cic., *Acad.*, pr., 2, 5, 14. *Brut.*, 62, 224.
[6] Cic., *Sest.*, 17, 39. *Har. resp.*, 20, 43. Diod., 36, 5.
[7] Gran., Lic., p. 24, éd. Bonn.
[8] Aur. Vict., *Vir. ill.*, 73.

Glaucia était l'auteur de la lex repetundarum de 112, si favorable aux chevaliers; sa réputation était détestable, un de ses adversaires l'avait appelé *stercus curiæ*[1]. Tous deux s'entendaient à merveille à soulever le peuple par des discours violents et éloquents[2].

Ils cherchèrent d'abord un chef qui portât le nom populaire des Gracques. Ils mirent la main sur un certain L. Equitius, qui se disait fils de Ti. Gracchus. Les agitateurs se trouvèrent arrêtés dès le début de leur entreprise par le censeur de 102[3], C. Cœcilius Metellus Caprarius, le quatrième fils du Macédonien; C. Metellus refusa de reconnaître L. Equitius comme fils de Ti. et ne l'inscrivit pas sur la liste des citoyens[4]. Metellus fut un adversaire énergique des chefs populaires; il enleva son cheval à P. Furius[5], un partisan influent de Saturninus; il aurait même expulsé les deux agitateurs du sénat, s'il avait été secondé par son collègue[6]. On répondit par des violences; un jour Saturninus fit lancer des pierres contre le censeur[7], qui fut obligé de se réfugier et de se barricader dans le Capitole : il fallut que les chevaliers vinssent le délivrer[8]. Le sénat crut trouver en 101 l'occasion de se débarrasser de Saturninus; ce dernier avait insulté des ambassadeurs de Mithridate, venus à Rome pour acheter des sénateurs; on voulut l'exiler pour avoir violé le *jus legatorum*[9]. Saturninus harangua le peuple, fit des promesses de réforme, montra qu'on voulait le sacrifier à cause de ses sympathies populaires; il obtint du peuple qu'il ferait une démonstration en sa faveur; le sénat eut peur et laissa tomber l'accusation. Ce fut une exellente affaire, pour Saturninus, elle favorisa sa réélection au tribunat en 100[10]. Il se mit du reste avec Glaucia au service de

[1] Cic., *de Or.*, 3, 41, 164.
[2] Cic., *Brut.*, 62, 224. *Rab.*, *post.*, 6, 14. *Har. resp.*, 19, 41.
[3] Vell., 2, 8, 2. Cic., *de Dom.*, 32, 87. *P. red.*, *ad Quir.*, 3, 6.
[4] Val. Max., 9, 7, 2. Aur. Vict., *Vir. ill.*, 62. Cic., *Sest.*, 47, 101.
[5] Dis C. fr., 95, 2 B.
[6] App., *b. c.*, 1, 28. Cic., *Sest.* 47, 101.
[7] Val. Max., 9, 7, 2.
[8] Oros., 5, 17.
[9] Il est faux, comme le prétend Diod., 36, 8, que le sénat se soit transformé en tribunal pour juger Saturninus.
[10] Diod., 36, 8.

Marius pour assurer à ce dernier son sixième consulat[1];
Marius leur prêta en revanche son puissant appui pour arriver
au tribunat et à la préture. Marius cependant fit emprisonner
L. Equitius[2] qui briguait le tribunat en même temps que Saturninus, mais il n'inquiéta pas ce dernier qui venait de com-
mettre un crime; il avait fait assassiner dans les comices son
concurrent Nonius ou Ninnius[3]. Saturninus, malgré ce crime,
fut nommé tribun; Marius, grâce à Saturninus, et à l'achat
des voix, obtint son sixième consulat[4]; il s'appuya sur Saturninus et sur Glaucia, qui avait été élu préteur; il ne fut en rien
inquiété par son collègue L. Valerius Flaccus, qui s'effaçait
derrière Marius[5], et n'était préoccupé que d'une chose, enlever
toute influence à Metellus Numidicus.

Voilà les hommes qui allaient reprendre les réformes des
Gracques; aucun n'avait en vue l'intérêt du peuple, chacun
ne songeait qu'à des avantages personnels, Marius surtout,
qui n'avait aucune idée des devoirs d'un homme d'État, et ne
cherchait qu'à satisfaire sa vanité ridicule. Il faut reconnaître
cependant que Saturninus avait de la valeur; il n'hésita pas à
faire sentir son autorité de tribun à Glaucia[6], et copia avec
habileté le rôle qu'avait joué C. Gracchus[7].

Comme C. il présenta en même temps plusieurs lois : une
lex agraria, une *lex frumentaria*, et plusieurs *leges de coloniis
deducendis* préparées déjà pendant son premier tribunat.

La loi agraire[8] ne touchait pas aux dispositions de la loi
de 111 ; Saturninus demandait que l'on distribuât aux citoyens,
viritim[9], les terres de l'ager gallicus, conquis par Marius, et
abandonné par les Celtes, ses anciens propriétaires. Comme
C. Gracchus, Saturninus voulait admettre à la répartition les

----

[1]) Cic., *Har. resp.*, 24, 51.
[2]) Val. Max., 9, 7, 1.
[3]) App., *b. c.*, 1, 28. Plut., *Mar.*, 29. Liv., *ep.*, 69. Flor., 3, 16. Val.
Max., 9, 7, 3. Aurel. Vict., *Vir. ill.*, 73. Oros., 5, 17.
[4]) Plut., *Mar.*. 28. Liv., *ep.*, 69.
[5]) Plut., *Mar.*, 28.
[6]) Aur. Vict., *Vir. ill.*, 73.
[7]) Cf. Flor., 3, 16.
[8]) Liv., *ep.*, 69.
[9]) App., *b. c.*, 1, 29. Cic., *Sest.*, 16, 37.

alliés de l'Italie[1] en même temps que les citoyens. Si elle avait été appliquée, cette loi aurait certainement produit d'heureux effets sur la situation économique de l'Italie. Mais Saturninus découvrit bientôt ses véritables intentions ; la loi agraire n'était qu'une arme forgée pour la lutte contre les nobles, c'est ce que montra la disposition suivante : quand la loi aura été adoptée par le peuple, le sénat sera tenu d'en jurer l'observation par serment ; tout sénateur qui refusera sera chassé du sénat et condamné à une amende de vingt talents[2]. Sans doute Saturninus pouvait expliquer cette mesure en rappelant la conduite des nobles au moment de la réforme des Gracques ; or le fait même qu'on peut la justifier est une preuve nouvelle de l'intensité des passions rivales qui divisaient la république. Mais il y a dans la disposition supplémentaire de la loi de Saturninus quelque chose de plus regrettable : elle n'avait pas été imaginée pour rendre l'application de la loi plus facile, mais pour atteindre l'ennemi personnel de Saturninus et de Glaucia, Metellus le Numidique.

La loi frumentaire ne devait profiter, comme celle de C., qu'aux seuls citoyens de Rome ; il diminua encore les prix fixés par la loi Sempronia pour les distributions mensuelles ; au lieu de payer le blé 6 as 1/3, on ne le paierait que 5/6 d'as (*semines et trientes*)[3].

Les lois sur les colonies favorisaient surtout les vétérans de l'armée de Marius. Ces vétérans, sortis pour la plupart de la classe des *capite censi*, sans aucune fortune, préféraient devenir colons plutôt que d'attendre les assignations qui devaient être faites en commun aux citoyens et aux alliés sur l'ager Gallicus. Chaque vétéran devait recevoir cent jugères ; les colonies seraient établies hors de l'Italie, en Afrique, en Sicile, en Grèce, en Macédoine. Dans le cas où l'ager disponible ne serait pas suffisant, Saturninus proposait d'employer à l'achat de terres[4], le trésor de Toulouse rendu à l'État après la condamnation de Q. Cæpion. C. Gracchus avait mis sur le

---

[1] App., *b. c.*, 1, 30.
[2] App., *b. c.*, 1, 29. Plut., *Mar.*, 29. Aur. Vict., *Vir. ill.*, 73.
[3] Cornif., *ad Herr.*, 1, 12. 21.
[4] Aur. Vict., *Vir. ill.*, 73.

même pied les Latins et les citoyens qui se rendaient dans les colonies ; les lois de Saturninus différaient de celle de C. en ceci qu'elles autorisaient Marius à donner le droit de cité à trois Latins par colonie[1]. Saturninus dut s'arrêter là ; sa loi agraire avait déjà blessé l'égoïsme des citoyens de Rome, il ne pouvait pas leur demander de plus grands sacrifices ; d'ailleurs on avait été très mécontent contre Marius, qui s'était permis, pendant la guerre des Cimbres, de donner le droit de cité à deux cohortes de Mamertins[2].

Pendant les discussions de ces lois, il y eut de nombreux actes de violence. Les Optimates paraissent avoir encore employé le moyen qui leur avait si bien réussi avec L. Drusus. Ainsi on dut fonder cette année-là une colonie de citoyens à Eporedia dans la Gaule transpadane, sur le territoire des Vagienni[3] ; il est très probable qu'elle fut fondée à la suite d'un vote du peuple, obtenu par un tribun rival de Saturninus, — on cite un certain Bæbius[4], — partisan des Optimates ; on espérait par là dépopulariser les lois agraires et les colonies de vétérans. Les optimates ne s'en tinrent pas à cette opposition légale. Pour atteindre la loi frumentaire, le questeur[5] déclara que le trésor ne pouvait pas faire face à la dépense ; alors le sénat décréta que Saturninus serait considéré comme ennemi de l'État s'il maintenait sa proposition. Saturninus passa outre, ne s'inquiéta pas non plus de l'intercession de ses collègues, et voulut faire procéder au vote ; le censeur voulut l'empêcher par la force[6]. Mêmes violences quand on vota les lois sur les colonies[7], et surtout la loi agraire. Saturninus ne put faire passer la dernière qu'en opposant à un groupe de combattants payés par les optimates une armée de Latins accou-

[1]) Cic., *Balb.*, 21, 48.
[2]) Plut., *Mar.*, 28. *Apophth. Mar.*, 5. Val. Max., 5, 2, 8. Cic., *Balb.*, 20, 46. 22, 50.
[3]) Vell., 1, 15.
[4]) Aur. Vict., *Vir. ill.*, 73.
[5]) Ce censeur était Q. Servilius Cæpio, probablement un fils de celui qui avait été condamné en 104.
[6]) Cornif., *ad Her.*, 1, 12, 21.
[7]) Aur. Vict., *Vir. ill.*, 73.

rus à Rome pour soutenir une loi qui leur assurait des avantages[1].

On appliqua de suite la loi frumentaire, si coûteuse pour l'État; mais on ne put appliquer immédiatement les lois sur les colonies ni la loi agraire; il fallut du temps pour organiser les préparatifs. Saturninus employa ces délais à se venger de ses ennemis personnels.

Après le vote de la loi agraire, Marius réunit le sénat, et déclara, c'était une comédie préparée d'avance, qu'il ne prêterait pas le serment exigé par la loi; le sénat l'applaudit, mais cinq jours après, prétextant l'agitation du peuple, Marius déclara que, dans l'intérêt de la paix, il fallait se résigner à prêter le serment; on pourrait plus tard, une fois le calme rétabli, faire supprimer la loi[2]. Il alla au temple de Saturne, et prêta le serment devant les questeurs; les autres sénateurs en firent autant, même M. Æmilius Scaurus[3]; un seul refusa, Metellus Numidicus, qui ne voulut pas subir une pareille humiliation. Saturninus l'accusa devant le peuple[4]; quand Metellus vit que, malgré les supplications de sa famille[5], il serait condamné, ne voulant pas recourir à violence, il quitta Rome. Ce n'était pas suffisant, le tribun fit une nouvelle proposition[6]. et Marius eut la satisfaction d'infliger la peine de l'exil (*aquæ et ignis interdictio*) à Metellus[7].

Pour empêcher les violences que lui avaient opposées Q. Cæpion et Bæbius, Saturninus proposa une *lex de majestate*. Jusqu'alors ceux qui avaient porté atteinte à la majesté du peuple romain, ou ceux qui l'avaient diminuée (*minuere*), étaient jugés par le peuple ou par un tribunal extraordinaire.

[1]) App., *b. c.*, 1, 30.
[2]) App., *b. c.*, 1, 30. Plut., *Mar.*, 29.
[3]) Cic., *Fam.*, 1, 9, 16.
[4]) Liv., *ep.*, 69.
[5]) Cic., *P. red. in Sen.*, 15, 37. *ad Quir.*, 3, 6.
[6]) Cic., *de Dom.*, 31, 82.
[7]) Liv., *ep.*, 69. App., *b. c.*, 1, 31. Plut.. *Mar.*, 29. *Cat.*, *Min.*, 32. Cic., *Sest.*, 47, 101. 16, 37. 62, 130. *Planc.*, 36. 89. *Pis.*, 9, 20. *Cluent.*, 35, 95. *P. red. in Sen.*, 10, 25. Schol. Bob., p. 252. 272. 347. Vell., 2, 15. Val. Max., 3, 8, 4. Aur. Vict., *Vir. ill.*, 62. 73. Oros., 5, 17. Suet., *ill. Gr.*, 2.

Or il était arrivé souvent, depuis le tribunat de Ti. Gracchus, que les assemblées du peuple avaient été violentées, dispersées par les optimates, et avec elles les magistrats qui les présidaient, et qui étaient dans ce cas les représentants de la *majestas populi romani*, donc ces assemblées ne présentaient plus de garantie pour le peuple. Saturninus dut demander dans sa loi l'établissement d'une *quæstio perpetua* chargée de juger les crimes de majesté[1], comme la *quæstio repetundarum* jugeait les concussions. Ce que nous savons de certain sur cette loi, qui fut appliquée quelques années plus tard dans le procès de C. Norbanus[2], c'est qu'elle n'avait rien de commun avec la loi agraire, ni même avec la loi sur l'établissement d'un tribunal extraordinaire, *de majestate,* proposée par Saturninus pendant son premier tribunat; elle était une loi criminelle très complète, copiée sur la *lex Acilia repetundarum.*

On arriva à l'époque des élections sans que la loi agraire eût reçu un commencement d'exécution. Les colonies même ne furent pas fondées toutes ensemble, bien que Marius eût déjà usé de son droit d'acorder le titre de citoyen à un certain nombre de Latins[3]. Saturninus fut alors occupé de tout autre chose que de l'exécution de ses lois : il s'employa à l'affermissement de sa coterie démagogique. Il se présenta de nouveau au tribunat, et fut réélu avant la tenue des comices qui devaient élire les consuls. Avec lui furent élus L. Equitius[4], le prétendu fils de Ti. Gracchus, P. Furius, fils d'un affranchi[5], et Sex. Titius[6]. L'orateur M. Antoine[7] fut élu consul; en 102 il avait remporté, étant alors préteur ou proconsul, des avantages sur les pirates[8], et occupé quelques forteresses dans la Cilicie qui fut érigée en province. Deux concurrents se présentèrent pour

[1] Cf. Cic., *Part. or.*, 30, 105. *de Inv.*, 2, 17, 52. Cornif., *ad Her.*, 2, 12, 17.
[2] Cic., *de Or.*, 2, 11, 48.
[3] Cic., *Balb.*, 21, 48.
[4] App., *b. c.*, 1, 32. Val. Max., 3, 2, 18. Cf., Flor., 3, 16.
[5] App., *b. c.*, 1, 33.
[6] Cic., *de Or.*, 2, 11, 48.
[7] Cic., *Brut.*, 36 et seq., *de Or.*, 3, 9, 32. *Orat* , 5, 18. Tusc., 5, 19, 55. Val. Max., 6, 8, 1. Vell., 2, 9.
[8] Liv., *ep.*, 68. Obseq., 44 Cic., *de Or.*, 1, 18, 82. Cf., *Brut.*, 45, 168.

la seconde place de consul : C. Servilius Glaucia, soutenu par
Saturninus, bien que, en vertu des *leges annales*, sa candidature fût illégale [1], et C. Memmius, connu par son opposition
contre les nobles pendant la première année de la guerre de
Jugurtha; il avait été préteur en 104, et avait triomphé d'une
accusation de concussion [2]; c'était un démocrate sincère, mais
il avait combattu les lois de Saturninus; et Saturninus qui
avait à redouter son opposition, le fit assassiner sur la voie
publique [3]. Le peuple s'émut de ce crime, et voulut venger
C. Memmius; Saturninus se retira sur le capitole [4] avec
L. Equitius, C. Servilius Glaucia et le questeur C. Saufeius,
et appela les esclaves à la liberté [5]. Le sénat montra enfin
quelque énergie; sur la proposition de M. Æmilius Scaurus [6],
les consuls C. Marius et V. Flaccus firent rendre le sénatus-
consulte qui déclarait la république en danger, les préteurs et les tribuns furent chargés de sauver l'État [7]. Marius
ne put s'empêcher de faire exécuter le décret; oubliant les
liens qui l'unissaient avec son parti [8], il ne voulut pas couvrir
les violences du tribun; secondé par M. Æmilius Scaurus,
M. Antonius et d'autres sénateurs [9], il attaqua les révoltés sur
le Capitole, les força à se rendre, et, malgré la promesse don-
née de leur laisser la vie sauve [10], fit égorger Glaucia dans une
maison particulière, Saturninus dans la curia Hostilia, où on
l'avait d'abord emprisonné. Beaucoup d'autres succombèrent,
parmi eux L. Equitius, qui devait ce jour-même (10 décembre)
prendre possession du tribunat [11]. Pour la troisième fois la

[1]) Cic., *Brut.*, 62, 224.
[2]) Val. Max., 8, 5, 2. Cic. *Font.*, 7, 14. Suet. *Vit.*, *Ter.*, 3. Prisc., 8,
p. 386 H.
[3]) Liv., *ep.*, 69. App., *b. c.*, 1, 32. Cic., *Cat.*, 4, 2, 4. Flor., 3, 16. Aur.
Vict., *Vir. ill.*, 73. Oros., 5, 17.
[4]) App., *b. c.*, 1, 32. Cic., *Rab. perd.*, 7. Oros., 5, 17.
[5]) Val. Max., 8, 6, 2.
[6]) Cf., Aur. Vict., *Vir. ill.*, 72. Val., Max., 3, 2, 18,
[7]) Cic., *Rab. perd.*, 7. *Cat.*, 1, 2, 4. *Phil.*, 8, 5, 15.
[8]) Cornif., *ad Her.*, 4, 22. 31.
[9]) Cic., *Rab. perd.*, 7, 21. 9, 26. *Phil.*, 8, 5, 15.
[10]) Cic., *Rab. perd.*, 10, 28.
[11]) App., *b. c.*, 1, 32. 33. Plut., *Mar.*, 30. Cic., *Brut.*, 62, 224. *Cat.*, 3, 6,
15. Schol. Bob., p. 277. 347. Schol. Gron., p. 408. Vell., 2, 12. Flor., 3,
16. Aur. Vict.; *Vir. Ill.*, 73. Oros., 5, 17. I. L. A., p. 290.

noblesse avait sauvé la république, en recourant aux armes, pour la troisième fois aussi elle avait porté un coup dangereux à la constitution républicaine[1].

De toutes les *leges appuleiæ* on ne respecta que la loi *de majestate*[2] ; mais on avait fait des promesses aux vétérans de Marius, il fallut les tenir. On fonda quelques colonies, nous en connaissons une, la colonie Mariana de Corse[3]. Chaque soldat reçut 14 jugères[4]. Une autre mesure de réaction fut prise : deux tribuns, Cato et Pompée, proposèrent de rappeler Metellus ; la proposition fut combattue par Marius avant l'expiration de son consulat, et par le tribun P. Furius[5]. Le décret de rappel ne put être rendu pendant l'année de charge de ce tribun, qui correspond au consulat de M. Antoine[6].

Le tribun P. Furius a joué dans ces événements un rôle douteux ; il s'était séparé de Saturninus, et ce fut lui qui proposa la confiscation des biens de Saturninus et de ses partisans[7]. Il ne soutint pas non plus les efforts tentés par le tribun Sex. Titius (99)[8], pour remettre en question la réforme agraire. Nous ne connaissons pas la *lex Titia de agris dividundis populo*[9], proposée par un tribun qui était surtout célèbre par son adresse au jeu de paume et par ses scandales nocturnes[10] ; il est probable qu'elle était une simple reproduction de la loi appuleia. Le consul M. Antoine la combattit avec ardeur[11], quelques tribuns firent opposition[12], elle passa cependant ; mais plus tard, quand Titius fut sorti de charge, elle fut abrogée sur la demande des augures[13].

[1] Cic., *Mil.*, 5, 14.
[2] Cic., *de Leg.*, 2, 6, 14.
[3] Plin., *n. h.*, 3, 12, 80. Senec. *cons.*, *ad Helv.*, 7. Pomp. Mela, 2, 7. Ptolem., *Geogr.*, 3, 2, 5.
[4] Plut., *Crass.*, 3.
[5] Oros., 5, 17. App., *b. c.*, 1, 33.
[6] Cf., Cic , *p. red. ad quir.*, 5, 11.
[7] Oros., 5, 17.
[8] Cf. Dio C., fr., 93, 3 B.
[9] Obseq., 46. Val. Max., 8, 1, 3.
[10] Cic., *de Or.*, 2, 62, 253. 3, 23, 88. *Brut.*, 62, 225.
[11] Cic., *de Or.*, 2, 11, 48.
[12] Obseq., 46.
[13] Obseq., 46. Cic., *de Leg.*, 2, 12, 31. 6, 14.

Les optimates plaisantaient Sex. Titius au sujet de ses lamentations prophétiques sur les malheurs qui allaient survenir si on rejetait sa loi, ils riaient surtout quand ils l'entendaient se comparer à Cassandre[1]. Il n'en est pas moins vrai que, si l'on pouvait encore à ce moment supprimer sans motif des lois comme les lois Appuleia et Titia, une solution radicale de la question agraire et de la question des alliés s'imposait de plus en plus. Malheureusement pour Rome, aucun des deux partis ne pouvait produire un homme assez énergique et assez influent pour demander cette solution à l'action administrative, beaucoup plus efficace que des lois passagères.

Aussi l'agitation populaire, qui s'était d'abord réclamée du souvenir des Gracques, avait abouti à une guerre civile, dans laquelle les personnalités étaient tout, les intérêts de l'État et les réformes nécessaires ne comptaient plus pour rien.

Quand P. Furius fut sorti du tribunat, un des nouveaux tribuns, Q. Calidius, déposa une *rogatio de Metello revocando*. La noblesse mit tout en œuvre pour la faire réussir; le fils de Metellus déploya un grand zèle, et fut surnommé *Pius*[2] à cause de sa belle conduite; la proposition fut acceptée[3]. Le retour de Metellus fut un véritable triomphe[4]. Quant à Marius, il n'avait pas voulu en être témoin; il venait de partir (janv. 98) pour la Cappadoce, bien qu'il fût candidat à la censure pour 97[5]. Son activité militaire ne pouvait, du reste, s'accommoder de la situation effacée dans laquelle il se trouvait depuis sa sortie du pouvoir; il allait en Orient pour essayer de provoquer une nouvelle grande guerre de la part des rois voisins de la province romaine d'Asie[6]. Pendant son absence, ses partisans furent, du reste, assez influents pour le faire nommer augure[7].

---

[1]) Cic., *de Or.*, 2, 66, 265.

[2]) App., *b. c.*, 1, 33. Dio C., fr., 95 B. Diod., 36, 9. Vell. 2, 15. Cic., *de Or.*, 2, 40, 167. Aur. Vict., *Vir. ill.*, 63.

[3]) Cic., *Planc.*, 28, 69. *de Dom.*, 33, 87. *P. red. in Sen.*, 15, 37. *Ad Quir.*, 4, 10. Val. Max., 5, 2, 7. Aur. Vic., *Vir. ill.*, 62. Diod., 36, 9.

[4]) Liv., *ep.*, 69. Gell., 13, 28. Val. Max., 4, 1, 13. App., *b. c.*, 1, 33. Cic., *ad Fam.*, 1, 9, 16.

[5]) Plut., *Mar.*, 30.

[6]) Plut., *Mar.*, 31.

[7]) Cic., *ad Brut.*, 1, 5, 3.

Le parti de Saturninus avait gardé, lui aussi, une assez grande puissance, comme le prouvent les incidents du procès intenté à P. Furius. Un tribun, C. Appuleius Decianus[1], l'accusa[2], parce qu'il s'était opposé au retour de Metellus[3], et surtout parce qu'il avait mal défendu les intérêts du peuple[4]. Le peuple fut tellement irrité qu'il n'attendit pas le jour du jugement, et égorgea le tribun C. Decianus sur la voie publique[5].

C'étaient là des symptômes alarmants pour la noblesse; elle crut cependant que la victoire remportée sur Saturninus et sur Sex. Titius lui permettait de prendre des mesures qui enrayeraient désormais l'opposition démocratique des tribuns séditieux. Les deux consuls de 98, Q. Cæcilius Metellus Nepos, fils du Baliaricus et petit-fils du Macedonicus[6], et T. Didius proposèrent une loi, qui réglait à nouveau les formalités nécessaires pour la présentation des lois et pour les élections; ils laissaient de côté tout ce qui concernait les auspices; sur ce sujet les lois Ælia et Fufia étaient jugées suffisantes. La loi *Cæcilia Didia* exigea qu'il y eût un intervalle de trois semaines (*tri nundinum*) entre la présentation et la discussion des lois[7]; elle défendit aussi, ce qui était déjà sinon écrit dans une loi, du moins admis en pratique[8], elle défendit de présenter plusieurs lois en même temps (*per saturam ferre*[9]). Elle devait être appliquée dans les comices par curie[10] et dans les comices par centûrie; mais elle était surtout imaginée pour permettre aux nobles de combattre les propositions des tribuns et de casser les plébiscites gênants[11]. Plus tard on la considéra, avec les lois Ælia et Fufia, comme une

---

[1]) Et non Canuleius, comme le dit App., *b. c.*, 1, 33.
[2]) Cic., *Rab. perd.*, 9, 24. Val. Max., 8, 1, 2.
[3]) App., *b. c.*, 1, 33.
[4]) Dio C., fr., 95, 3 B.
[5]) App., *b. c.*, 1, 33. Dio C., fr., 95. 3 B.
[6]) Ascon., p. 63.
[7]) Schol. Bob., p. 310. Cic., *Phil.*, 5, 3, 8. *de Dom.*, 16, 41.
[8]) Fest., p. 314.
[9]) Cic., *de Dom.*, 20, 53
[10]) Cic., *de Dom.*, 16, 41.
[11]) Cic., *de Dom.*, 16, 41. *Sest.*, 64, 135.

loi destinée à assurer le salut de la république (*remedium reipublicæ*[1]).

La noblesse se crut dès lors assez bien armée pour atteindre les partisans de Saturninus. C. Appuleius Decianus, qui avait accusé devant le peuple, mais sans succès, l'édile curule L. Valerius Flaccus[2], avait rendu service à la noblesse en soutenant l'accusation contre P. Furius. Il avait quitté Rome. On le poursuivit parce que, au moment du procès de Furius, il avait exprimé des regrets sur la mort de Saturninus, et parce que surtout il s'était montré dangereux pendant son tribunat[3]. Il fut condamné[4], et se rendit auprès de Mithridate, roi de Pont[5]. Sex. Titius fut aussi poursuivi[6], et condamné; on lui reprocha surtout d'avoir chez lui un portrait de Saturninus[7].

Les nobles ne comprirent pas que pour rendre leur victoire définitive, il fallait au moins rester unis. Or, nous les voyons s'attaquer entre eux, même au moment où Saturninus portait de si rudes coups à leur ordre; les généraux qui ont combattu les esclaves en Sicile sont surtout atteints. L. Fufius accuse M. Aquilius[8], le procès fut jugé avant le départ de Marius[9]; Aquilius fut acquitté, non parce qu'il était innocent[10], mais grâce à la belle et éloquente plaidoirie de M. Antoine[11]. C. Servilius Augur (ainsi désigné pour le distinguer de C. Servilius Glaucia) accusa L. Licinius Lucullus, qui l'avait précédé dans le commandement, et les fils de L. Lucullus, attaquèrent plus tard C. Servilius Augur[12]. Les procès se transmettaient de père en fils. Le jeune C. Papirius Carbo accompagne dans sa pro-

[1]) Cic., *ad Attic.*, 2, 9, 1.
[2]) Cic., *Flacc.*, 32, 77.
[3]) Cic., *Rab. perd*, 9, 24. Val. Max., 8, 1, 2. Schol. Bob., p. 230.
[4]) Cf. Cic., *Flacc.*, 32, 77.
[5]) Cic., *Flacc.*, 29, 70. Schol. Bob., p. 230.
[6]) Cic., *de Or.*, 2, 11, 48.
[7]) Cic., *Rab. perd.*, 9, 24. Val. Max., 8, 1, 3.
[8]) Cic., *Brut.*, 62, 222. *de Off.*, 2, 14, 50. Appul., *de Mag.*, 66.
[9]) Cic., *de Or.*, 2, 47, 196.
[10]) Cic., *Flacc.*, 39, 98.
[11]) Liv., *ep.*, 70. Cic., *de Or.*, 2, 28, 124. 47, 194. *In Verr. accusat.*, 5, 1, 3. Schol. Bob., p. 246. Quint., 2, 15, 7.
[12]) Plut., *Luc.*, 1. Diod., 36, 1. Cic., *Acad. pr.*, 2, 1. *In Verr. acc.*, 4, 66, 147. *Prov. cons.*, 9, 22.

vince l'accusateur de son père, L. Licinius Crassus, afin de
recueillir lui aussi des témoignages pour entamer un procès[1].
Q. Cæcilius Metellus Nepos, qui avait été accusé par C. Scribonius Curio, fait jurer à son fils avant de mourir qu'il traî-
nera son accusateur devant les tribunaux[2]. M. Furius Brutus
devint un véritable sycophante de profession, on le surnomma
accusator[3] : il est surtout connu par le procès de Cn. Plan-
cius que défendit L. Licinius Crassus[4].

Venons à d'autres faits qui montrent la démoralisation dans
laquelle sont tombés les représentants des grandes familles.
Un Scipion, le fils de Scipion Hispallus, refusa de prendre,
comme préteur, le gouvernement d'une province espagnole,
parce qu'il ne pouvait pas s'empêcher de s'enivrer[5]; il était
plutôt trop lâche pour aller combattre les provinciaux révoltés[6],
et n'osait pas s'exposer aux dangers d'une bataille, parce qu'on
ne lui donnait pas assez de troupes. Le luxe prenait des proportions inouies[7], les leges cibariæ étaient impuissantes à en
contenir les excès. On supprimait les lois pour cette raison
qu'elles n'étaient plus observées; ainsi le tribun M. Duronius
fit abroger la loi Licinia *de Sumptu minuendo*. (Voir plus haut
page 81, tome II[8].)

Il faut ajouter que la superstition allait jusqu'à demander
des sacrifices humains pour calmer la colère divine; le sénat
essaya de les interdire par un sénatus-consulte en 97[9]. En présence d'un pareil dévoiement des esprits, la censure était im-
puissante; en 97 les censeurs M. Antonius et L. Valerius
Flaccus (le consul de 100) chassèrent M. Duronius du sénat[10].
Le résultat obtenu fut celui-ci : M. Duronius attaqua M. An-

---

[1]) Val. Max., 3, 7, 6.
[2]) Ascon., p. 63.
[3]) Cic., *de Off.*, 2, 14, 50. Cf. *de Or.*, 2, 55, 233 et seq. *Brut.*, 34, 130.
[4]) Cic., *de Or.*, 2, 54, 220 et seq. *Cluent.*, 51. *Quint.*, 6, 3, 44. Plin.,
n. h., 36, 3, 7.
[5]) Val. Max., 6, 3, 3.
[6]) App., *Ib.*, 99.
[7]) Diod., 37, 3, 4.
[8]) Val. Max, 2, 9, 5.
[9]) Plin., *n. h.*, 30, 1, 3, 12.
[10]) Val. Max., 2, 9, 5.

tonius pour brigue[1]. Du reste, de cette censure nous connaissons peu de chose, nous savons seulement que M. Antonius plaça sur les rostres des trophées provenant de la guerre contre les pirates[2]. Mais nous pouvons supposer que les censeurs durent faire le recensement des Latins qui prétendaient être citoyens; ils durent alors décider que la question des alliés serait résolue dans le sens de l'ancien régime, on continuerait à considérer les Latins comme étrangers à la cité[3].

[1]) Cic., *de Or.*, 2, 68, 274, 64, 257.
[2]) Cic., *de Or.*, 3, 3, 10.
[3]) Cf. Cic., *de Or.*, 2, 64, 257.

CHAPITRE SIXIÈME

Depuis trente ans on avait fait espérer aux Latins le droit
de cité[1]. La première proposition remonte à l'année 175,
elle est du consul M. Fulvius Flaccus; C. Sempronius Gracchus la renouvelle dans son second tribunat en 122. Les propositions n'étaient pas devenues des lois, mais de fait les Latins avaient obtenu beaucoup; un certain nombre jouissaient,
dans des conditions déterminées, du droit de suffrage, et même,
invités tantôt par le peuple, tantôt par les optimates, les Latins
avaient parfois voté en masse dans les comices. Tout récemm-
ment encore, Saturninus avait fait passer la loi agraire avec le
concours des Latins. Aussi, malgré les défenses contenues dans
la loi Claudia de 177, dans la loi Junia de 126, et dans l'édit
consulaire de 122, un grand nombre de Latins étaient venus
se fixer à Rome, et, qu'ils en eussent le droit, ou non, se considéraient comme citoyens. Les villes latines, toujours plus
pauvres, souffraient beaucoup de cette émigration vers Rome;
elle ne songèrent pas à l'arrêter, ni à demander le retour de
leurs enfants; elles crurent que leur situation serait du jour au
lendemain améliorée, si elles obtenaient leur assimilation complète avec Rome; des hommes d'État très avisés avaient, du
reste, proclamé la nécessité de cette assimilation. Or les villes
latines n'avaient pas même été mises en possession du droit
d'appel[2], que le sénat leur avait laissé espérer (*rogatio livia*
de 122). On comprend l'émotion que dut causer dans les villes
de l'Italie la loi qui ruinait leurs espérances entretenues jus-

---

[1] App., *b. c.*, 1, 34.
[2] Diod., 37, 18.

que-là, la loi qui paraissait trancher définitivement la question dans un sens contraire aux intérêts et à l'attente des Latins.

Les consuls de 95, Licinius Crassus et Q. Mucius Scévola, profitèrent du calme relatif qui régna cette année[1] pour régler, d'accord avec le sénat, la question du droit de cité; il rappelèrent d'une part ce qu'était le droit de cité à Rome, ce qu'il serait dans les villes de l'Italie, ils firent une loi générale dont l'esprit était défavorable aux alliés. La loi *Licinia mucia de civibus (in jus civitatis suæ) redigundis*[2], était sans doute plus modérée que la loi Claudia et la loi Junia : elle ne chassait pas de Rome les alliés qui s'y étaient mis en possession du droit de cité[3]; elle maintenait pour les Italiens les moyens légaux d'arriver à la possession du dit droit[4]. Voici le point sur lequel la loi devenait exclusive et révoltante pour les alliés : elle interdisait de la manière la plus absolue à tout individu citoyen d'une ville italiote d'usurper le moindre des privilèges du citoyen romain[5]; jamais il ne devait essayer de donner le change sur son titre de citoyen, c'était un titre dont la valeur ne dépassait pas l'enceinte de la ville[6]. Les consuls firent une enquête sérieuse, et tous ceux qui avaient profité de leur titre local de citoyen pour se faire admettre dans la grande cité romaine[7], furent renvoyés dans leurs villes[8].

Parlant des auteurs de la loi, Cicéron déclare qu'ils étaient les hommes d'État les plus éclairés et les plus capables[9]. En effet ce sont les plus célèbres de l'époque. D'abord Crassus; il était devenu populaire de bonne heure en accusant C. Papirius Carbo qui avait passé dans le parti des optimates, et en défendant l'établissement de la colonie Narbo Martius; depuis son tribunat de 107, il avait mis sa merveilleuse éloquence au

[1]) Obseq., 50.
[2]) Schol. Bob., p. 296., Cic., *Corn.* fr., 1, 10, p. 935. Halm. Ascon.; p. 67.
[3]) Cic., *de Off.*, 3, 11, 47.
[4]) Cic., *Balb.*, 24, 54.
[5]) Cic., *de Off.*, 3, 11, 47.
[6]) Ascon., p. 67.
[7]) Cic., *Balb.*, 21, 48.
[8]) Cic., *Brut*, 16, 63. Schol. Bob., p. 296.
[9]) Cic., *Corn. fr.*, 1, 10; Cf. *de Off.*, 3, 17, 47.

service du sénat, mais il avait plutôt combattu les chevaliers que le peuple. Il s'était rapproché de ce dernier pendant son édilité[1], il put arriver dès lors à la préture, à l'augurat[2] et au consulat; son éclatante réputation était due non seulement à son talent d'orateur, mais aussi à son honnêteté[3]; on le plaçait à côté du prince du sénat, M. Æmilius Scaurus[4]. Scévola était fils du consul de 133, il était devenu tribun un an après Crassus, avait été édile et préteur en même temps[5]; après sa préture[6], il avait été proconsul en Asie[7]; il avait été sévère, surtout à l'égard des chevaliers, dont il avait gêné les exactions financières[8]. Il était depuis longtemps pontife[9], passait pour le plus savant jurisconsulte de son temps[10]; personne ne pouvait mettre en doute son respect pour la loi et pour la justice[11].

Ces deux illustres personnages durent avoir des raisons sérieuses pour faire une loi qui non seulement fut inutile, mais amena les plus funestes résultats[12]; on peut en effet la considérer comme la principale cause de la guerre sociale qui commença quatre ans plus tard[13]. Voici ces raisons : d'abord les partisans d'un gouvernement sage et régulier ne pouvaient admettre que les votes de la majorité romaine fussent toujours altérés par les votes des Italiens admis illégalement dans les comices[14]; d'autre part ils répugnaient à l'idée de partager le droit de cité avec les Latins et avec les alliés. Ils étaient

[1]) Cic., *de Off.*, 2, 16, 57. *In Verr. accusat.*, 4, 59, 133. *de Or.*, 3, 24, 92.

[2]) Cic., *de Or.*, 1, 10, 39.

[3]) Val. Max., 3, 76.

[4]) Val. Max., 8, 5, 3.

[5]) Cic., *Brut.*, 43, 161.

[6]) Diod., 37, 6. Ps. Ascon., p. 122. Cf. Ascon., p. 15.

[7]) Liv., *ep.*, 70.

[8]) Val. Max., 8, 15, 6. Cic. *In Verr. accusat.*, 2, 10, 27. 20, 51. Ps. Ascon., p. 122. 210. Cic., *ad Att.*, 6, 1, 15.

[9]) Ascon., p. 14.

[10]) Dig., 1, 2, 2, 40. Cic., *Brut.*, 39, 145 et seq. *de Or.*, 1, 39, 180. Vell., 2, 9. Quint., 12, 3, 9.

[11]) Cic., *Lœl.*, 1, 1. *de Off.*, 3, 15, 62. *de Nat. deo.*, 3, 32, 80.

[12]) Cic., *Corn. fr.*, 1, 10.

[13]) Ascon., p. 67. Cf. Sall., *Hist. fr.*, 1, 15 D.

[14]) Cic., *de Or.*, 2, 64, 257.

persuadés d'ailleurs que si on reconnaissait par une loi les droits usurpés depuis longtemps, on ébranlait, dans ses dispositions essentielles, la constitution de l'État; or, quelle imprudence de porter la main sur la constitution, même pour l'harmoniser avec la grande extension qu'avait prise l'empire! C'était détruire l'équilibre qui existait entre les partis et préparer des agitations sans fin. Nous comprenons donc qu'ils aient espéré sauver l'État en revenant à une application sévère et intelligente de la constitution. Nous ne pouvons pas leur reprocher d'avoir manqué de clairvoyance, nous devons les féliciter de leur modération à l'égard des Latins et des Italiotes qui habitaient Rome; nous devons même regretter que la logique des faits ait été plus puissante que leur politique, et que leur loi, irréprochable en elle-même, n'ait pu empêcher la révolution.

La loi Licinia Mucia produisit un effet immédiat : le tribunat, déjà contenu par la loi Cæcilia Didia, fut réduit au silence[1]. Il y eut dans Rome une courte période de paix intérieure; on ne peut mieux la comparer qu'au calme précédant la tempête.

Rien ne nous fait mieux saisir les causes qui amenèrent l'orage dans la cité romaine, que l'étude des procès célèbres plaidés pendant ces dernières années. Tout le monde comprit que l'organisation des tribunaux criminels, réglée par la loi *sempronia judiciaria*, et les lois particulières sur les *quæstiones perpetuæ*, était défectueuse et ne pouvait être maintenue[2]. En 94, P. Sulpicius Rufus accuse C. Norbanus. P. Rufus était un jeune homme qui avait mis son brillant talent au service des optimates; C. Norbanus était le tribun de 104, qui avait proposé et fait accepter la loi qui établissait un tribunal exceptionnel pour juger Q. Servilius Cæpio (le premier de ce nom). Norbanus avait ainsi porté un coup sensible au parti des nobles. P. Rufus lui reprocha de n'avoir pas tenu compte de l'intercession tribunitienne, d'avoir attenté à la majesté du peuple romain, dans le sens déterminé par la loi Appuleia rendue depuis et sur laquelle reposait l'accusation[3], en employant

---

[1]) Cf., Obseq., 52.
[2]) Cic., *de Off.*, 2, 14, 49. *de Or.*, 2, 21, 89. Appul., *de Mag.*, 66
[3]) Cic., *de Or.*, 2, 25, 107. 49, 201.

la violence. Norbanus ne pouvait nier[1]. Il trouva un défenseur
dans le parti même des optimates. Ce défenseur fut M. Antoine, qui l'emportait sur Crassus pour l'éloquence judiciaire.
Peut-on savoir le motif qui le décida à défendre C. Norbanus?
C. Norbanus avait été questeur pendant la préture de M. Antoine[2]; or entre le questeur et son supérieur existait un lien
d'amitié qui était religieusement respecté. C'était là, on ne
peut le contester, un fait désastreux pour les nobles. La défense fut admirablement présentée, bien que M. Antonius ne
pût guère trouver de raisons sérieuses[3] pour soutenir un
client dont la culpabilité fut établie par des dépositions ac-
cablantes, celle de Scaurus entre autres[4]. C. Norbanus n'en fut
pas moins acquitté. L'acquittement n'aurait certainement pas
été prononcé, si le tribunal n'avait pas été composé de chevaliers. Ces derniers se rappelèrent que C. Norbanus avait été
l'ennemi de Q. Servilius Cæpio, l'ancien consul qui avait proposé de partager les fonctions judiciaires entre les chevaliers
et les sénateurs[5].

Nous venons de voir l'abîme se creuser entre les optimates
et les chevaliers; voici un autre procès qui peut être considéré
comme le pendant du premier, et montre mieux encore l'opposition qui règne entre les deux castes. C'est le procès de
P. Rutilius Rufus, un homme âgé qui avait été tribun des soldats sous Scipion devant Numance[6]; lieutenant de Metellus
Numidicus en Numidie[7], il avait échoué aux élections pour
le consulat en 116, mais avait été élu en 105; il avait d'éclatants
services militaires[8], sa probité était incontestée, il était l'un
des hommes les plus instruits de son temps[9]. Ami de Q. Mucius Scévola, il l'avait accompagné en Asie[10] en qualité de

[1] Cic., *de Or.*, 2, 25, 107. 28, 124. 47, 197. 49, 201.
[2] Cic., *de Or.*, 2, 48, 198. 49, 200. 50, 202.
[3] Cf. Cic., *de Or.*, 2, 39, 164. 40, 167. 48, 199 et seq. *Part., or.*, 30,
104.
[4] Cic., *de Or.*, 2, 50, 203. Val. Max., 8. 5, 2.
[5] Cic., *de Or.*, 2, 48, 199.
[6] Cic., *de Rep.*, 1, 11, 17. App., 16, 88.
[7] Sall., *Jug.*, 50. 52. 86.
[8] Val. Max., 2, 3, 2. Cf. Gran. Licin., p. 21, *Bonn*.
[9] Cic., *de Off.*, 3, 2, 10. *de Or.*, 1, 53, 227. *Brut.*, 30, 114.
[10] Diod., 37, 6. Liv., *ep.*, 70. Cf. Ps. Asc., p. 122.

lieutenant; quand, neuf mois après[1], Q. Scévola quitta l'Asie pour venir briguer le consulat, P. Rufus conserva pendant longtemps l'administration de l'Asie avec le titre de lieutenant (*legatus proconsule*[2]). A l'exemple de Q. Scévola, il rompit avec les traditions administratives invétérées dans les provinces[3]; il défendit les provinciaux contre les exactions des fermiers de l'impôt[4]. Il s'attira ainsi, comme Scévola[5], la haine des chevaliers qui se vengèrent en le faisant accuser; un certain Apicius[6], dont la réputation était mauvaise, attaqua ses habitudes de luxe, en vertu de la loi *Servilia repetundarum*. Convaincu de son innocence, P. Rufus dédaigna les moyens ordinaires de défense, refusa de prendre des habits de deuil[7], et ne voulut pas se faire défendre par les avocats en renom[8], Crassus ou Antoine[9]. Il n'autorisa que deux personnes à parler pour lui[10], son neveu, le jeune C. Aurelius Cotta[11], et Scévola qui avait été son proconsul en Asie. Et cependant cet homme d'une honnêteté inattaquable[12], ce *vir non sæculi sui sed omnis ævi optimus*[13], fut condamné par les chevaliers, qui se savaient soutenus par Marius[14], ennemi personnel de P. Rufus. Condamné à une simple amende[15], P. Rufus s'exila[16], et ne voulut jamais rentrer dans Rome, malgré les sollicitations dont il fut l'objet de la part de Sylla[17].

[1] Cic., *ad Attic.*, 5, 17, 5.
[2] Cf. Dig., 1, 2, 2, 40.
[3] Cic., *In Verr. accus.*, 3, 41, 94.
[4] Diod., 37, 6-8. Liv., *ep.*, 70. Dio C., fr. 97, 1 B. Ps. Ascon., p. 122.
[5] Cic., *Planc.*, 13, 33.
[6] Athen., 4, 168 E.
[7] Val. Max., 6, 4, 4.
[8] Cic., *de Or.*, 1, 53, 227.
[9] Cic., *Brut.*, 30.
[10] Cf. Cic., *ad Attic.*, 12, 20, 2.
[11] Cic., *Brut.*, 30, 115. *de Or.*, 1, 53, 229.
[12] Cf. Cic.. *Font.*, 13, 28. *Pis.*, 39, 95. Rab. Post., 10, 27. Sen., *ep.*, 79, 14. Athen., 6, 274 C.
[13] Vell., 2, 13.
[14] Dio C., fr., 97. 2 B.
[15] Dio C., fr., 97. 2 B.
[16] Liv., *ep.*, 70. Val. Max., 2, 10, 5. Oros., 5, 17. Cic., *de Nat. deor.*, 3, 32, 80.
[17] Quint., 11, 12. Val. Max., 6, 4, 4. Sen., *de Prov.*, 1, 3, 7. *de Benef.*, 6, 37. *ep.*, 24, 4. Ovid., *ex Pont.*, 1, 3, 63.

Il devint citoyen de Smyrne et ne voulut plus quitter cette
ville[1].

Après une telle condamnation les sénateurs ne pouvaient
plus avoir la moindre confiance dans la justice de tribunaux
inféodés à un parti[2]; les principes sur lesquels reposait l'État
étaient ébranlés[3]; le sénat dès lors n'eut plus qu'une pensée :
enlever aux chevaliers les places de juges[4]. Une pareille réforme allait provoquer la révolution, que l'on croyait avoir
écartée par la loi Licinia Mucia; elle fut d'autant plus violente
que l'on essaya en même temps de résoudre la question des
alliés dans un sens favorable à leurs intérêts, et d'opérer la
réforme judiciaire. Le sénat commit la faute énorme de laisser
proposer les deux réformes par le même tribun. Maintenant
que l'on était décidé à changer la constitution, il fallait au
moins suivre un ordre; par exemple, reconnaître le droit de
cité aux alliés, charger les censeurs d'organiser les nouveaux
comices, puis, à ce moment seulement, mettre en avant le plan
de réforme judiciaire. Mais il est probable qu'on avait encore
confiance dans l'effet produit par la loi Licinia Mucia, et d'ailleurs, il n'est pas absolument certain qu'en procédant ainsi on
eût pu enrayer la révolution. Ce qui est certain, c'est que les
censeurs augmentèrent encore le mécontentement par la manière dont ils s'acquittèrent de la répartition des citoyens en
classes et en centuries.

Les censeurs de 92 furent L. Licinius Crassus et Cn. Domitius Ahenobarbus. Le dernier avait été tribun en 104; on
se rappelle qu'il avait fait donner au peuple le droit d'interve-
nir dans les élections sacerdotales; il était grand pontife depuis
103, en 96 il avait été consul; il avait conservé les mœurs des
premiers temps, mais aussi la roideur des anciens Romains[5],
il n'avait rien du réformateur. Crassus comprenait bien ce
qu'il y avait d'illusoire dans la prétendue souveraineté exercée

<hr>

[1]) Cic., *Balb.*, 11, 28. *Brut.*, 22, 85. *de Rep.*, 1, 8, 13. Suet., *Gramm.*, 6.
Tac., *Ann.*, 4, 43. Cf. Plut., *Pomp.*, 37.
  [2]) Cic., *Scaur.*, 1, 2. Apud. Ascon., p. 21.
  [3]) Cic., *Brut.*, 30, 115.
  [4]) Vell., 2, 13. Flor., 3, 17.
  [5]) Suet., *Ner.*, 2.

par les citoyens de Rome[1]; mais il était lié par sa collaboration à la loi Licinia Mucia, il n'admettait pas d'ailleurs que
l'on pût faire subir à l'État une transformation radicale; puis,
s'il avait de grands talents oratoires, ses mœurs laissaient à
désirer. Pendant son consulat, poussé uniquement par la vanité, il avait fait quelques expéditions dans les Alpes pour
obtenir un triomphe[2]. Ses titres étaient si peu sérieux que
son collègue et ami, Q. Mucius Scévola, n'osa pas laisser passer
le senatus-consulte qui lui accordait le triomphe tant désiré[3].
Nommé censeur, il entra en lutte avec son collègue; Cn. Ahenobarbus lui reprocha[4] son luxe, les colonnes de marbre de
son palais[5], il lui reprocha aussi d'avoir pleuré la mort d'une
belle murène[6]. Crassus se défendit en prononçant un discours
rempli de saillies spirituelles[7]. Le seul édit que nous connaissions de ces censeurs est un édit dirigé contre les professeurs
latins de rhétorique[8]; il visait surtout L. Plotius Gallus[9] et
Aurelius Opimius[10]. On les trouvait bien inférieurs pour
l'étendue des connaissances aux rhéteurs grecs. Ces derniers,
proscrits en 101, avaient bientôt reparu. Crassus leur reprochait surtout de former des écoles où l'on n'enseignait que
l'impudence[11]. Les censeurs gardèrent leurs fonctions, malgré
leur rivalité, jusqu'à la fin du lustre, il est même probable
qu'ils furent réélus trois ans plus tard.

M. Livius Drusus fut le tribun choisi par les optimates pour
tenter la réforme judiciaire; il était fils de ce L. Drusus qui
avait rendu de si grands services aux nobles pendant la lutte
contre C. Gracchus, et qui était mort censeur, collègue de

---

[1] Cic., *de Or.*, 1, 24, 112. Val. Max., 4, 5, 4.

[2] Cic., *de Inv.*, 2, 37, 111.

[3] Cic., *Pis.*, 26, 62. Ascon., p. 14.

[4] Cic., *de Or.*, 2, 56, 227. 230.

[5] Val. Max., 9, 1, 4. Plin., *n. h.*, 17, 1; cf. 36, 3, 7.

[6] Macrob., *Sat.*, 3, 15, 4 = 2, 11, 4. Æl., *Hist. an.*, 8, 4. Plut , *de cap.
ex inim. ut.*, 5. *de Soll. anim.*, 23. *Præc. pol.*, 14.

[7] Cic., *Brut.*, 44, 162. 164. *de Or.*, 2, 11, 45. Suet., *Ner.*, 2.

[8] Gell., 15, 11, 2. Suet., *Rhet.*, 1.

[9] Suet., *Rh.*, 2. Hierony., p. 139. Schöne. Schol. Bob., p. 357. Sen.,
Contr., 2, p. 116 Bo. Quint., 2, 4, 42.

[10] Suet., *Gramm.*, 6.

[11] Cic., *de Or.*, 3, 24, 93 et seq. Tac., *Dial.*, 35.

M. Æmilius Scaurus. La noblesse l'avait choisi parce qu'il appartenait à une famille riche et noble, connue par sa générosité[1], et aussi parce qu'il avait de grands talents. Rien à reprendre dans sa conduite, ses mœurs étaient pures[2], son éloquence était grave et austère[3]. Il avait fait preuve de grandes qualités pendant sa questure et son édilité[4], il avait été nommé pontife[5]. On ne craignait pas de le voir s'engager dans la voie des agitations démagogiques, il avait donné des gages de ses sentiments en poursuivant Saturninus[6]. Cependant il avait formé depuis longtemps le projet, projet tout personnel, de donner le droit de cité aux alliés[7]. Pendant son tribunat, il reçut de fréquentes députations d'Italiotes[8], et se fit renseigner sur tous les projets des alliés[9]. M. Drusus paraît avoir eu aussi cette illusion, que si l'on réussissait à faire disparaître les causes de division entre le sénat, les chevaliers et le peuple[10], tous seraient d'accord pour permettre l'entrée de la cité aux habitants de l'Italie. En tous cas, Drusus voulait défendre les intérêts de la noblesse, mais la noblesse ne voulait se servir de lui que comme d'un instrument pour abattre les chevaliers[11].

Nous allons essayer de reconstituer, dans leur ordre chronologique, les actes du tribunat de M. Livius Drusus.

Il proposa[12], probablement d'accord avec le sénat[13], une *lex de coloniis deducendis*, et *une lex judiciaria*.

---

[1]) Diod., 37, 14. Dio C. fr., 96 B. Cic., *Arch.*, 3, 6.

[2]) Vell., 2, 14. Plut., *Præc. pol.*, 4. Plin., *n. h.*, 33, 11, 141.

[3]) Cic., *de Off.*, 1, 30, 108. Vell., 2, 13. Diod., 37, 15. Plut., *Cat. min.*, 1.

[4]) Aur. Vict., *Vir. ill.*, 66.

[5]) Cic., *de Dom.*, 46, 120. I. L. A., p. 279.

[6]) Cic., *Rab. perd.*, 7, 21.

[7]) App., *b. c.*, 1, 35.

[8]) Val. Max., 3, 1, 2. Plut., *Cat. min.*, 2. Aur. Vict., *Vir. ill.*, 80; cf. Cic., *Fam.*, 16, 22.

[9]) Aur. Vict., *Vir. ill.*, 66

[10]) App., *b. c.*, 1, 35.

[11]) Liv., *ep.*, 70. 71. Cic., *de Or.*, 1, 7, 24. *Mil.*, 7, 16. |Vell., 2, 13. 14. Ascon., p. 68. Schol. Bob., p. 282. 356. Flor., 3, 17. Sall., *de Rep. ord.*, 2, 6.

[12]) App., *b. c.*, 1, 35.

[13]) Flor., 3, 17. Liv., *ep.*, 70. Sall., *de Rep. ord.*, 2, 6.

Par la première, il demanda l'établissement en Italie et en Sicile des colonies qui avaient été décrétées depuis longtemps[1], il reprit donc la proposition de son père présentée en 122 pour faire échec à C. Gracchus. Que voulait le tribun? d'abord gagner la sympathie des citoyens pour rendre possible le succès de ses autres réformes, ensuite diminuer le nombre des prolétaires à Rome, afin d'établir un peu plus d'ordre et faciliter l'action gouvernementale de la noblesse.

La loi judiciaire proposait une transaction entre le sénat et les chevaliers. L. Drusus supprimait l'article premier de la loi Sempronia, comme Cæpion avait déjà voulu le faire en 106, mais Livius proposait ensuite de réorganiser le sénat et les tribunaux criminels : trois cents chevaliers devaient entrer dans le sénat qui serait doublé, et, parmi les six cents sénateurs on choisirait les juges; la loi établisait ensuite la responsabilité des juges; on pourrait les poursuivre, chacun en particulier, pour corruption; la loi devait demander aussi pour ces sortes de jugements l'établissement d'une *quæstio perpetua*[2].

Comptant sur l'appui du sénat, Livius était persuadé que ses propositions passeraient facilement; il n'en fut pas ainsi. La loi sur les colonies était plus facile à proposer qu'à exécuter; la loi de 111 avait considérablement diminué l'ager publicus, il était devenu impossible de trouver des terres pour fonder plusieurs colonies sur différents·points à la fois ; pour cela il aurait fallu, ou bien aliéner l'ager campanus, ou faire acheter des terres par l'État, ou supprimer la loi de 111. Aucun de ces moyens n'eût suffi à lui seul, il fallait les employer tous les trois ensemble. Alors on était obligé de demander au trésor des sommes considérables, et en même temps on touchait aux intérêts des riches : pour défendre ces intérêts, quelques sénateurs se décidèrent à faire opposition[3]. A leur tête se plaça **L. Marcius Philippus**[4], qui avait proposé une loi

----

[1]) App., *b. c.*, 1, 35.
[2]) App., *b. c.*, 1, 35. Cf. Liv., *ep.*, 70. 71. Vell., 2, 13. Aur. Vict., *Vir. ill.*, 66. Cic., *Cluent.*, 56. *Rab. post.*, 7, 16.
[3]) App., *b. c.*, 1, 36.
[4]) Cic., *de Or.*, 1, 7, 24.

agraire quand il était tribun; il était alors consul[1]; pendant
son tribunat il avait reconnu que la tentative faite par Livius,
pour l'établissement des colonies, était irréalisable.

La loi judiciaire avait froissé d'autres susceptibilités; les
sénateurs avaient espéré reprendre toutes les places de juges,
et voilà qu'on leur proposait de partager leur dignité sénatoriale avec trois cents chevaliers. Les chevaliers de leur côté
craignaient que la réforme ne fût une simple mesure transi-
toire pour leur enlever les tribunaux. De plus il faudrait choi-
sir les trois cents nouveaux sénateurs parmi les chevaliers, qui
étaient très nombreux; il y aurait des difficultés et des ambi-
tions froissées. Enfin les chevaliers étaient surtout blessés de
la disposition qui les rendait responsables de leurs jugements,
en permettant les poursuites pour corruption[2]. Sans doute les
poursuites de ce genre étaient déjà autorisées par la loi Sempronia *ne quis judicio circumveniatur*, mais jusqu'ici elles avaient
été sans effet, en vertu de l'influence des chevaliers et des
lenteurs de la juridiction populaire : les chevaliers considéraient
donc leur irresponsabilité comme un droit acquis. Ils disaient
encore, c'était leur meilleur argument, que la loi Sempronia
dont nous venons de parler, avait été faite avant la loi Sempronia judiciaria, donc elle avait été faite contre les sénateurs et non contre les chevaliers qui n'étaient pas encore
juges. Les défenseurs des chevaliers faisaient valoir cette con-
sidération, que les membres de leur ordre, pour avoir leur
indépendance et leur sécurité, avaient renoncé aux honneurs
et aux dangers de la carrière sénatoriale. D'ailleurs le droit
de poursuivre un juge pour corruption avait été inscrit dans
la loi Sempronia parce que cette loi était une loi faite contre
les sénateurs et la noblesse, que cette disposition répondait
bien à l'esprit général de la loi, et qu'elle serait encore excellente si les juges étaient de nouveau choisis parmi les sénateurs. Mais alors si l'on voulait rendre aussi les chevaliers
responsables, il fallait leur rendre, du moins aux plus anciens
de l'ordre, la faculté d'arriver aux fonctions réservées aux

[1] Il avait échoué en 94. Cic., *Brut.*, 45, 166. *Mur.*, 17, 36.
[2] App., *b. c.*, 1, 35. Cf. Aur. Vict., *Vir. ill.*, 66.

sénateurs[1]. Cicéron cite parmi les avocats des chevaliers C. Flavius Pusio, Cn. Titinius, C. Cilnius Mæcenas; leur chef au sénat fut Q. Servilius Cæpio[2]. Questeur il avait déjà combattu la loi frumentaire de Saturninus. Son opposition fut d'autant plus redoutable qu'il avait été l'ami de Livius[3], et qu'il était beaucoup plus osé et plus effronté que ce dernier[4].

Cependant Livius n'avait pas perdu tout espoir. Il avait pour lui le prince du sénat, M. Æmilius Scaurus[5], L. Licinius Crassus[6], l'augure Q. Mucius Scévola, M. Antonius[7], Q Lutatius Catulus[8], et, parmi les jeunes, C. Aurelius Cotta et P. Sulpicius Rufus[9]. On discuta, on se querella au sujet de ces deux lois, jusqu'à l'époque des jeux romains (*ludi romani*)[10], c'est-à-dire jusqu'en septembre. Livius n'avait pu obtenir que ses lois fussent soumises au vote de l'assemblée (*concilium plebis*); L. Philippus et les tribuns avaient probablement fait opposition (au moyen de l'*obnuntiatio* et de l'*intercessio*), et Livius était trop scrupuleux et trop timide pour passer outre. On lutta dans les assemblées; on rapporte qu'un jour Livius fit emprisonner le consul Philippus qui l'avait interrompu, sous prétexte qu'il y avait eu violence[11]. Ce qui n'empêcha pas Livius de pousser la loyauté jusqu'à prévenir le consul d'un projet formé par les Latins pour attenter à sa vie[12]. On ne tint pas compte au tribun de sa générosité; elle fournit même à

---

[1]) Cic., *Cluent.*, 56. *Rab. post.*, 7.

[2]) Cic., *Brut.*, 62, 223. *de Dom.*, 46, 120. Flor., 3, 17. Aur. Vict., *Vir. ill.*, 66. Cépion s'était aussi prononcé contre les alliés; le grand orateur d'Asculum, P. Betucius Barrus, avait prononcé à Rome un discours contre lui. Cic., *Brut.*, 46, 169. 56, 206.

[3]) Dio C. fr., 96, 2 B. Plin , *n. h.*, 33. 1, 6, 20.

[4]) Dio C. fr., 96, 1 B.

[5]) Cic., *de Dom.*, 19, 50. Ascon., p. 21.

[6]) Cic., *de Dom.*, 19, 50. *de Or.*, 1, 7, 24. 3, 1.

[7]) Cic., *de Or.*, 1, 7. 24.

[8]) Cic., *de Or.*, 2, 54, 220.

[9]) Cic., *de Or.*, 1, 7, 25.

[10]) Cic., *de Or.*, 1, 7, 24.

[11]) Val. Max., 9, 5. 2. Flor., 3, 17. Aur. Vict., *Vir. ill.*, 66.

[12]) Ce complot avait dû être exécuté longtemps avant, au commencement de l'année, à l'époque des féries latines. Aur. Vict., *Vir. ill.*, 66. Cf. Flor., 3, 18.

ses adversaires une arme pour le combattre : on lui reprocha ses relations avec les Latins. Q. Cépion s'empressa de saisir ce nouveau moyen d'attaquer le tribun. Il exploita aussi un fait qui fut alors reproché à Livius : on prétendit qu'il s'était rendu coupable de mesures arbitraires à l'égard de deux princes africains, dont il voulait obtenir de l'argent[1]. Q. Cépion attaqua aussi les partisans de Livius; M. Æmilius Scaurus eut à répondre à une accusation basée sur la loi *Servilia repetundarum*; chargé d'une ambassade en Asie, Scaurus se serait laissé corrompre par Mithridate[2]. Scaurus se tira d'affaire en accusant Cépion d'un fait semblable, et réussit à faire passer son accusation avant celle de son adversaire[3]. Scaurus eut aussi à se défendre contre M. Junius Brutus[4], à moins que l'accusation de ce dernier n'ait été produite immédiatement après le consulat de Scaurus. Bref, les partis en étaient venus à un tel degré d'exaltation, que la ville se trouvait partagée en deux camps ennemis[5] : Livius menaça un jour Cépion de le précipiter de la roche Tarpéienne[6].

Nous ne connaissons pas les propositions qui furent opposées à celles de Livius; il est probable que la *lex Remmia de calumniatoribus*[7] est une proposition de ce genre. Livius voulait empêcher la condamnation des innocents, en prononçant la responsabilité des juges; de même Remmius faisait admettre la responsabilité des accusateurs, en permettant les poursuites pour calomnie[8]. Or une pareille loi ne pouvait venir que de ceux à qui répugnait la responsabilité judiciaire. La loi de Remmius est antérieure à 80, mais nous n'avons pas de preuve décisive qui nous permette de la placer à la date de 91;

---

[1]) Aur. Vict., *Vir. ill.*, 66.

[2]) Cic., *Scaur.*, 1, 2. 2, 45. Ascon., p. 21. 26. Cf. Val. Max., 3, 7, 8. Flor. se trompe, 3, 17.

[3]) Ascon., p. 21. Charis., p. 147 K.

[4]) Cic., *Font.*, 13, 28. Charis., p. 129. 210 K.

[5]) Flor., 3, 17.

[6]) Aur. Vict., *Vir. ill.*, 66.

[7]) En vertu de cette loi, le calomniateur devait être jugé par le même tribunal qui avait jugé l'accusé.

[8]) Cic., *Rosc. Am.*, 19, 55. Schol., Gronov., p. 431. Ascon., p. 30. Dig., 48, 16, 1, 2.

nous savons seulement que, pendant son édilité, Livius eut pour collègue un certain Remmius qui était son ennemi[1]; rien ne nous empêche de supposer que le même Remmius pût être aussi un tribun en même temps que Livius, et fut un de ses adversaires.

Les ennemis de Livius, en déployant toutes les ressources de l'opposition, avaient fort compromis le succès de ses motions[2]. Mais la majorité du sénat était encore pour lui; alors Philippus déclara qu'il ne pouvait plus gouverner avec un sénat ainsi composé, et manifesta le désir de le modifier. Philippus fit un rapport au sénat, aux ides de septembre, sur cette mesure révolutionnaire. Crassus prononça un violent discours contre Philippus qui voulut faire arrêter l'orateur; Crassus déclara qu'il ne reconnaîtrait plus Philippus pour consul, si Philippus ne voulait pas reconnaître lui-même l'autorité du sénat. Sur la demande de Crassus, le sénat vota une déclaration dans laquelle il affirmait n'avoir jamais trahi les intérêts du peuple romain[3]. Sept jours après, Crassus mourut[4] d'une péripneumonie. Ce fut un coup terrible pour Livius. Peu après eurent lieu les élections pour le tribunat. Livius fut obligé de reconnaître que le peuple n'était plus avec lui : C. Aurelius Cotta et les autres partisans de Livius échouèrent[5]; les créatures de Philippus et de Q. Cépion furent élues, entr'autres Q. Varius[6].

Livius savait maintenant que les réformes ne seraient pas continuées par ses successeurs, qui étaient ses adversaires politiques; il chercha alors à regagner la sympathie des citoyens pendant les quelques semaines qu'il devait encore passer au pouvoir. Il ajourna le vote de la loi sur les colonies[7], et proposa trois lois nouvelles qui devaient faciliter l'exécution

---

[1] Aurel. Vict., *Vir. ill.*, 66.
[2] Cic., *de Or.*, 1, 7, 24.
[3] Cic., *de Or.*, 3, 1, 1 et seq. Val. Max., 6, 2, 2. Quint., 8, 3, 89. 11, 1, 37.
[4] Cic., *de Or.*, 3, 2, 6.
[5] Cic., *de Or.*, 3, 3, 11. Cf., 1, 7, 25.
[6] Cic., *Brut.*, 89, 305.
[7] Cf. App., *b. c.*, 1, 36.

de la précédente : une *lex agraria*, une *lex frumentaria*, et probablement aussi en même temps une *lex nummaria*.

Nous ne connaissons pas toutes les dispositions de la loi agraire[1] ; nous savons seulement qu'elle ressemblait à celles des Gracques[2] ; elle devait être encore plus radicale, puisque Livius put se vanter de n'avoir rien laissé à partager, *præter cœlum et cœnum*. Elle devait renfermer des articles qui supprimaient la loi de 111, d'autres qui permettaient de partager l'ager campanus ; nous possédons pour établir ce dernier fait un argument ex silentio : Cicéron parle à deux reprises de ceux qui ont respecté l'ager campanus, il cite chaque fois les Gracques et Sylla, il ne parle pas de Livius[3]. Nous sommes au moins certain que Livius établissait une commission de decemvirs *agris dandis assignandis*[4].

La loi frumentaire[5], comme celle de Saturninus, abaissait le prix du blé au-dessous du chiffre fixé par la loi Sempronia.

La loi monétaire, *de octava parte æris argento miscenda*[6], proposait d'altérer les monnaies et de décréter leur cours forcé ; le trésor réaliserait des bénéfices qui permettraient de faire face aux dépenses de la loi frumentaire. Peut être n'était-elle qu'un article de la loi frumentaire, et non une loi particulière.

Enfin ces propositions plurent au peuple, resté indifférent devant la loi judiciaire, qui intéressait les chevaliers seulement. Profitant de l'enthousiasme qu'avaient fait naître les deux lois agraire et frumentaire (nous ne considérons la loi monétaire que comme une dépendance de cette dernière), Livius demanda au peuple de voter en même temps la loi judiciaire. Il fallait réussir à tout prix : il s'assura encore le concours des Latins, en promettant[7], par l'intermédiaire de Q. Pompœdius Silo, de leur faire accorder le droit de cité, s'ils s'engageaient à voter les trois lois (agraire, frumentaire et

---

[1]) Liv., *ep.*, 71. Aur. Vict., *Vir. ill.*, 66. I. L. A., p. 279.
[2]) Flor., 3, 17.
[3]) Cic., *de Leg. agr.*, 1, 7, 21. 2, 29, 81.
[4]) I. L. A., p. 279.
[5]) Liv., *ep.*, 71.
[6]) Plin., *n. h.*, 33, 3, 13, 46.
[7]) Cf. Plut., *Cat. min.*, 2. Val Max., 3, 2. Aur. Vict., *Vir. ill.*, 80. Cf. Cic., *Fam.*, 16, 22, 1.

judiciaire)[1]. Il y avait une lacune dans la loi agraire, il en fit présenter une seconde par son collègue Saufeius[2]. Livius, l'ancien défenseur du sénat, était devenu un véritable démagogue comme C. Gracchus[3]. Il perdit nécessairement l'appui d'un certain nombre de sénateurs qui l'avaient suivi jusque-là; Livius allait trop loin[4]. Philippus et Q. Cépion ne manquèrent pas de faire ressortir le caractère démagogique des nouvelles lois; ils eurent même recours au procédé qui avait été employé déjà avec succès pour perdre les démagogues; ils le dénoncèrent comme aspirant à la tyrannie[5]. A Rome on parlait beaucoup des conjurations formées par les alliés[6]; Philippus alla jusqu'à imaginer une formule de serment par laquelle les alliés s'engageaient à soutenir Livius[7].

Au jour du vote, Livius réussit cependant à faire passer les trois lois agraire, frumentaire et judiciaire : il avait employé la violence[8], n'avait pas tenu compte des auspices[9], ni de la loi Cæcilia Didia qui défendait de voter plusieurs lois à la fois (*per saturam*)[10]. Aussitôt Philippus convoqua le sénat dans un local très éloigné du forum, il voulait faire annuler le vote populaire. Le sénat ne voulut pas se prononcer avant d'avoir entendu le tribun et le manda près de lui. Le tribun ne voulant pas s'éloigner trop loin du forum, invita le sénat à se réunir dans la curia Hostilia; le sénat obéit[11]. Livius rappela au sénat les avantages que lui assurait la loi judiciaire; or, tous ces avantages disparaissaient si l'on rejetait, sur la demande du consul, les deux autres lois[12]. Livius parla en vain; l'influence de Philip-

---

[1]) Liv.. *ep.*, 71.
[2]) I. L. A., p. 279.
[3]) Cf. Cornif., *ad Her.*, 4, 34, 46.
[4]) Vell., 2, 13. 14. Ascon., p. 68. Il faut placer ici la réponse spirituelle qui fut faite à Drusus par Granius : Drusus avait posé à ce dernier la question habituelle : *quid agis?* Granius lui répondit d'un ton significatif : *immo vero tu, Druse, quid agis?* Cic., *Planc.*, 14, 33. Schol. Bob., p. 260.
[5]) Cf. Sall., *de Rep.*, 2, 6. Flor., 3, 18.
[6]) Liv., *ep.*, 71.
[7]) Diod., 37, 17.
[8]) Liv., *ep.*, 71. Cf. Flor., 3, 17.
[9]) Ascon., p. 68.
[10]) Cic., *de Dom.*, 16, 41. 19, 50.
[11]) Val. Max., 9, 5, 2.
[12]) Diod., 37, 16. Cf. Vell., 2, 13.

pus, qui était augure, les inquiétudes provoquées par les deux lois agraire et frumentaire, la crainte des nouvelles réformes projetées par Livius, entraînèrent le sénat, les lois furent annulées[1] par un sénatus-consulte.

Livius n'avait pas daigné opposer son intercession, mais il ne tint aucun compte de la décision sénatoriale[2]. On nomma les décemvirs chargés d'appliquer la loi agraire, et aussi les quinquevirs demandés par la loi Saufeja; au mépris des lois Licinia et Æbutia, Livius fut nommé membre des deux commissions[3]. Il est probable qu'il commença aussi l'exécution de la loi monétaire[4]. On était arrivé au moins d'octobre; Livius ne devait plus être tribun que pendant cinq ou six semaines. Il voulut tenir la promesse faite aux alliés, et présenta sa *lex de civitate sociis danda*; il fixa aussi le jour du vote pour la loi *de coloniis deducendis*[5], qui avait été ajournée. Son intention fut certainement de faire discuter et voter les deux lois en même temps; il espéra pouvoir vaincre ainsi l'opposition des riches habitants de l'Italie qui redoutaient la loi sur les colonies, et la grande majorité des citoyens de Rome qui étaient décidés à combattre les deux propositions. Livius voulait les faire passer au moyen des alliés pauvres, qui devenus citoyens pourraient prendre leur part des avantages promis à ceux qui peupleraient les colonies. La loi *de civitate*,... en effet, était aussi générale que possible; elle conférait la cité non seulement aux Latins[6] et à l'aristocratie des villes alliées, elle le conférait à tous les Italiotes sans exception et sans distinction[7].

Livius avait déployé une grande activité, il était fatigué, il tomba malade; il avait déjà eu auparavant des attaques d'épilepsie, et s'était fait soigner à Anticyre[8]. Un jour il tomba malade sur la place publique, et fut transporté chez lui sans

[1] Cic., *de Leg.*, 2, 6, 14. 12, 31. *de Dom.*, 16, 41. 19, 50. Ascon., p. 68.
[2] Diod., 37, 16.
[3] l. L. A., p. 279. Cf., p. 278.
[4] Cf. Plin., *n. h.*, 33, 3, 13, 46, miscuit.
[5] App., *b. c.*, 1, 36.
[6] Aur. Vict., *Vir. ill.*, 66. Oros., 5, 18.
[7] Vell., 2, 14. App., *b. c.*, 1, 35. 36. Cf. Liv., *ep.*, 71. Flor., 3, 17.
[8] Plin., *n. h.*, 25, 5, 21, 52. Gell., 17, 15, 6.

connaissance. Dans toute l'Italie on fit des vœux pour le rétablissement de celui dont on attendait le salut[1]. A Rome, ses
ennemis trouvèrent moyen d'avoir des soupçons sur sa mala-
die : ils dirent que Livius avait bu du sang de chèvre pour
se faire pâlir, et pouvoir accuser Cépion de l'avoir empoisonné[2].
A peine rétabli, Livius reprit ses fonctions ; Rome était encom-
brée d'une multitude d'étrangers accourus les uns pour soutenir Livius, les autres pour le combattre. Livius eut peur de
s'exposer au milieu de ces foules[3], crut que sa vie était en
danger, et évita autant que possible de paraître en public ; il
annonça qu'il recevrait ceux qui voudraient l'entretenir dans
une salle garnie de colonnes près de sa maison, ou dans son
atrium. C'est là, dans son atrium, qu'il fut égorgé avec un
poignard[4], avant le jour fixé pour le vote des deux lois. On
rapporte que pendant les quelques instants qui précédèrent sa
mort il répéta plusieurs fois en soupirant : *Ecquandone simi-
lem mei civem habebit respublica*[5] ? On accusa du meurtre ses
adversaires[6], surtout le tribun Q. Varius[7], et aussi Philippus
et Q. Cépion[8]. Il n'y eut pas d'enquête, ce fut comme à la
mort de Scipion Émilien[9].

Voilà où aboutit la tentative de réforme commencée sous
les auspices des optimates. Une seule loi de cette année
devait subsister, et constituait un progrès, c'était la loi
Remmia de calumniatoribus, si toutefois elle est de l'année
91. Mais quel progrès dérisoire, quelle maigre compensation
des désordres au milieu desquels a succombé M. Livius
Drusus, après avoir ébranlé les bases de l'État !

Après l'assassinat de Livius, les tribuns qui l'avaient soutenu
continuèrent son œuvre, et voulurent faire passer les deux

---

[1] Aur. Vict., *Vir. ill.*, 66.
[2] Plin., *n. h.*, 28, 9, 41, 148. Aur. Vict., *Vir. ill.*, 66.
[3] App., *b. c.*, 1, 36. Flor., 3, 17.
[4] App., *b. c.*, 1, 36. Vell. 2, 14. Cf. Liv., *ep.*, 71. Cic., *Mil.*, 7, 16.
de Nat. deor., 3, 32, 80. Cornif., *ad Her.*, 4, 22, 31. Schol. Bob., p. 282.
356. Oros., 5, 18. Flor. se contredit, 3, 17. 18.
[5] Vell., 2, 14.
[6] Suet., *Tib.*, 3.
[7] Cic., *de Nat. deor.*, 3, 33, 81.
[8] Aur. Vict., *Vir. ill.*, 66.
[9] Cic., *Mil.*, 7, 16.

lois. Probablement, elles furent de nouveau présentées par le tribun L. Calpurnius Bestia ; car ce fut un Bestia qui fut le premier poursuivi et sacrifié comme partisan de Livius[1], mais on ne sait pas si c'était le consulaire condamné en 109 en vertu de la loi *Mamilia* (voir plus haut, page 69) ou son fils. Ce qui est certain, c'est que les tribuns invitèrent les alliés à se rendre à Rome pour le jour du vote, et que Q. Pompædius Silo se mit en route avec 10,000 Marses[2]. Le sénat, de son côté, envoya des députés dans les provinces les plus agitées ; l'un d'eux, C. Domitius, rencontra Q. Silo et l'engagea à retourner chez les Marses, en lui déclarant — c'était un honteux mensonge — que le sénat s'était décidé à accorder le droit de cité aux Italiotes[3]. Le préteur Q. Servilius, envoyé à Asculum, dans le Picenum, fut moins heureux ; il fut égorgé avec son lieutenant Fonteius et tous les citoyens romains présents à Asculum[4]. Cette exécution, accompagnée de nombreux prodiges[5], fut le signal de la terrible guerre sociale[6] qui commença à la fin de 91[7].

Quand on apprit à Rome la révolte des Picentius, des Vestins, des Marses, des Péligniens, des Marraciniens, des Samnites et des Lucaniens, l'émotion fut grande ; on quitta la toge pour prendre le *sagum* (manteau de guerre)[8], on mit des sentinelles sur les murs et les tours de la ville[9]. On rejeta d'abord toute la responsabilité sur Livius[10] ; on pouvait aussi bien rendre responsable le sénat qui, jaloux des chevaliers, avait voulu ruiner leur puissance en s'appuyant sur les tribuns[11] ; on pouvait aussi en rejeter la cause sur la loi *Licinia*

[1]) App., *b. c.*, 1, 37.
[2]) Diod., 37, 19.
[3]) Diod., id.
[4]) Liv., *ep.*, 72. Oros., 5, 18. Vell., 2, 15. Flor. 3, 18. Diod., 37, 19. Cf 18. App., *b. c.*, 1, 38. Cic., *Font.*, 14, 31.
[5]) Obseq., 54. Plin. *n. h.*, 2, 83, 85, 199. 7, 3, 3, 34.
[6]) App., *b. c.*, 1, 41 et seq. Diod., 37, 1 et seq. Liv., *ep.*, 72 et seq. Oros., 5, 18. Vell. 2, 15. Eutr., 5, 3. Schol. Bob., p. 364.
[7]) Cf. Plin., *n. h.*, 33, 3, 17, 55.
[8]) Liv., *ep.*, 72. Vell., 2, 16.
[9]) App., *b. c.*, 1, 40.
[10]) Liv., *ep.*, 71.
[11]) Cic., *de Off.*, 2, 21, 75.

Mucia qui avait enlevé aux alliés l'espoir d'arriver à la cité par les voies pacifiques. Le vrai coupable, c'était bien le sénat, qui n'avait pas su, depuis l'époque de C. Flaminius, assurer le bonheur des citoyens par des moyens conformes à la justice, et en était venu, l'égoïsme des citoyens aidant, à placer les alliés dans une situation humiliante. En élargissant la question, on trouve encore que la situation fausse dans laquelle ils se trouvaient provenait de l'abandon des mœurs simples des premiers siècles : les riches avaient toujours développé leurs habitudes de luxe et excité la jalousie et la soif de jouissances chez les pauvres [1].

Mais les contemporains ne voyaient qu'un coupable, M. Livius Drusus; les nouveaux tribuns, entrés en fonction le 10 décembre 91 [2], poursuivirent immédiatement ses partisans. Le chef de la réaction fut Q. Varius; né à Sucro, en Espagne, il avait été surnommé *Hybrida* [3], parce que son titre de citoyen romain n'était pas bien authenthique ; c'était un bon discoureur [4], mais commun et mal élevé [5]. Il proposa une *lex de majestate* ainsi conçue [6] : *Ut quæreretur de iis, quorum ope consiliove socii contra populum romanum arma sumpsissent.* Pour gagner le peuple, il attaqua M. Æmilius Scaurus, sur le conseil de Q. Cépion; il voulut le faire passer pour un des auteurs de la révolte; mais après une magnifique défense de ce vieillard de soixante-douze ans, il laissa tomber l'accusation [7]. Les défenseurs de la loi *Varia* furent, parmi les collègues de Q. Varius, C. Scribonius Curio [8], Cn. Pomponius [9]; parmi les opposants, nous trouvons le tribun Q. Metellus Celer [10] et le spirituel C. Julius Cæsar Strabo Vopiscus [11], alors édile curule,

[1]) Diod., 37, 2. 3.
[2]) Cic., *Brut.*, 89, 305.
[3]) Val. Max., 8, 6, 4.
[4]) Cic., *Brut.*, 62, 221. 89, 305.
[5]) Cic., *de Or.*, 1, 25, 117.
[6]) Ascon., p. 22. 73. 79. Val. Max., 8, 6, 4. App., *b. c.*, 1, 37.
[7]) Ascon., p. 21. Aur. Vict., *Vir. ill.*, 72. Quint., 5, 12. 10. Cf. Val. Max., 3, 7, 8. Cic., *Sest.*, 47, 101.
[8]) Cic., *Brut.*, 89, 305. 51, 192. Cf. Ascon., p. 73.
[9]) Cic., *Brut.*, 89, 305. 62, 221.
[10]) Cic., *Brut.*, 89, 305.
[11]) Cic., *Brut.*, 89, 305. 60, 216.

qui paraît avoir fait partie de la commission agraire des décemvirs[1]. Malgré l'intercession tribunitienne, la loi *Varia* fut votée par le peuple, sous la pression des chevaliers armés[2]. Le sénat rendit aussi un sénatus-consulte, en vertu duquel toutes les actions judiciaires furent suspendues, excepté celles qui seraient provoquées par l'application de la loi *Varia*[3].

Aussitôt L. Calpurnius Bestia s'enfuit, avant même d'avoir été poursuivi[4]. Q. Cépion accusa lui-même[5] Scaurus, mais sans résultat, du moins il n'est question nulle part d'une condamnation[6]. On accusa ensuite Q. Pompeius Rufus, le préteur urbain de 91[7], et L. Memmius, frère cadet de C. Memmius, assassiné en 100; le premier paraît avoir été acquitté, malgré l'intervention énergique de L. Marcius Philippus[8]; nous le retrouvons consul en 88; L. Memmius fut condamné[9]. Fut condamné aussi C. Aurelius Cotta, et plusieurs autres avec lui[10]; Cotta était l'ami intime de Livius[11], il avait échoué comme lui aux élections pour le tribunat. Ces procès avaient un caractère bien marqué de haine à l'égard des alliés, ils ne faisaient qu'augmenter chaque jour le nombre des révoltés[12].

Les alliés avaient organisé un État; ils le nommèrent *Italia*[13] et lui donnèrent pour capitale Corfinium[14], ville des Péligniens, située au centre de la Péninsule. Ils avaient constitué un sénat souverain de 500 membres, sur le modèle du sénat romain; deux consuls furent chargés du pouvoir exécutif; on choisit le Marse Q. Pompædius Silo et le Samnite

1) I. L. A., p. 273.
2) App., *b. c.*, 1, 37. Val. Max., 8, 6, 4.
3) Cic., *Brut.*, 89, 304. Cf. Ascon., p. 73.
4) App., *b. c.*, 1, 37.
5) Cic., *Scaur.*, 1, 3. Ascon., p. 21. 26. Charis., p. 193. 196. 224 K.
6) Cf. Cic., *Sest.*, 47, 101.
7) Cic., *de Or.*, 1, 37, 168. Cf. Val. Max., 3, 5, 2.
8) Cic., *Brut*, 89, 304.
9) Cf. App., *b. c.*, 1, 37, qui nomme par erreur L. Memmius Achaicus à la place de L. Memmius.
10) Ascon., p. 73.
11) Cic., *Brut.*, 56, 205. 88, 303. 89, 305. *de Or.*, 3, 3, 11. App., *b. c.*, 1, 37.
12) App., *b. c.*, 1. 38. Ascon., p. 73. Val. Max., 8, 6, 4. Liv., *ep.*, 73.
13) Vell., 2, 10. Strab., 5, 4, 2.
14) Diod., 37, 2.

C. Papius[1] (non Aponius) Mutilus; on plaça sous leur direction six préteurs qui prirent le commandement d'autant d'armées. Le sénat romain prit aussi des mesures en rapport avec les circonstances : on donna aux deux consuls (L. Julius Cæsar, frère de C. Julius Cæsar Strabo Vopiscus, et P. Rutilius Lupus) cinq lieutenants, choisis, autant que possible, parmi les consulaires et les préteurs; ils devaient commander les armées[2]; parmi eux nous trouvons Sex. Julius Cæsar, l'ancien consul de 91. Cæcilia avait appris en songe que Juno Sospita avait retiré sa protection aux Romains; L. Julius Cæsar fut chargé de restaurer son temple[3].

Les Romains, moins bien préparés que les alliés, furent d'abord malheureux. Le consul Lucius (et non Sextus) Julius Cæsar fut battu dans le Samnium, à Æsernia (colonie latine)[4]; le consul P. Rutilius Lupus, gêné par les nobles qui suivaient son armée[5], ne pouvant pas se fier à son lieutenant C. Marius[6], périt dans une bataille livrée sur le fleuve Tolenus (non sur le Liris) le 11 juin[7]. Comme on ne manquait pas de chefs militaires, et comme, d'autre part, L. Cæsar ne pouvait pas abandonner le théâtre des opérations, on retarda l'élection d'un consul suffectus. C. Marius prit le commandement[8]; à côté de lui, Q. Servilius Cæpio, qui était aussi lieutenant de Lupus, reçut un commandement[9], mais fut tué peu après dans un combat livré à Pompædius[10]. Quand on apprit à Rome que Lupus[11] et Cépio[12] avaient succombé, la consternation fut générale; le sénat donna l'ordre de les ensevelir à l'endroit où ils étaient tombés, les funérailles ne devaient pas avoir

---

[1]) Cf. App., *b. c.*, 4, 25.
[2]) App., *b. c.*, 1, 40. Cic., *Font.*, 15, 33.
[3]) Cic., *de Divin.*, 1, 2, 4. 44, 99. Obseq., 55.
[4]) App., *b. c.*, 1, 41.
[5]) Dio C., fr., 98, 1 B.
[6]) Dio C., fr., 98, 2 B. Oros., 5, 18. Cf. Diod., 37, 21.
[7]) App., *b. c.*, 1, 43. Liv., *ep.*, 73. Obseq., 55. Eutr., 5, 3. Ovid., *Fast.*, 6, 563.
[8]) App., *b. c.*, 1, 43.
[9]) Liv., *ep.*, 73.
[10]) Liv., *ep.*, 73. Oros., 5, 18. App., *b. c.*, 1, 44. Eutr., 5, 3.
[11]) App., *b. c.*, 1, 43.
[12]) I. L. A., p. 167.

lieu à Rome[1]. Par bonheur les Latins ne prirent pas part à la révolte, ils continuèrent à servir dans les armées de Rome ; mais on pouvait craindre qu'ils ne fissent eux aussi défection, si les alliés continuaient à remporter des victoires[2].

On apprit bientôt que les Étrusques et les Ombricus étaient sur le point de s'unir aux révoltés ; on reprit la question du droit de cité, et la majorité du sénat émit elle-même l'avis qu'il fallait faire des concessions. Sur ces entrefaites, L. Julius Cæsar remporta une victoire près de Acerræ sur C. Papius Mutilus[4] ; ses soldats le saluèrent imperator sur le champ de bataille[5] ; quand il fut rentré à Rome pour présider les comices, il fut chargé par le sénat de proposer les mesures jugées nécessaires. Le sénat et les citoyens abandonnèrent le *sagum*[6], et le consul proposa la loi Julia *de civitate sociis dandâ*. Elle accordait le droit de cité à tous les Latins[7], et à tous les autres alliés d'Italie, probablement jusqu'au Pô[8], qui n'avaient pas pris les armes, ou qui les déposeraient immédiatement[9] ; on n'exigeait d'eux qu'une déclaration par laquelle ils acceptaient leur nouveau titre (*se fundos fieri*[10]) ; la loi n'était pas obligatoire, les villes qui avaient des usages et des droits particuliers, comme les villes commerçantes de Naples, Héraclée, pourraient conserver leur autonomie[11]. La loi Julia portait ensuite, pour éviter l'encombrement des comices par les nouveaux citoyens, que ces derniers seraient répartis dans huit des anciennes tribus comme les affranchis qui pouvaient être inscrits dans quatre tribus seulement[12]. On a prétendu que la loi Julia n'accordait pas aux nouveaux citoyens le droit de suffrage (*civitas sine*

---

[1] App., *b. c.*, 1, 43.
[2] Liv , *cp.*, 72. App,, *b. c.*, 1, 39.
[3] Diod.. 37, 21.
[4] App., *b. c.*, 1, 42. Liv,, *ep.*, 73. Oros., 5, 18.
[5] Oros., 5, 18. Cf. Diod., 36, 7.
[6] Liv., *ep*.; 73. Oros., 5, 18.
[7] Gell., 4, 4, 3.
[8] Cf. Sall., *Hist. fr.*, 1, 15 D.
[9] Vell., 2, 16. App., *b. c.*, 1, 49.
[10] Cf. Gell., 16, 13, 6.
[11] Cic., *Balb.*, 8, 21. Cf. *Fam.*, 13, 30, 1.
[12] Vell., 2, 20. App., *b. c.*, 1, 49 est d'un avis différent. Cf. Non. Marc., p. 329 G.

suffragio); c'est une hypothèse gratuite qui ne repose sur rien, bien que cependant on ait continué à discuter pendant plusieurs années au sujet du droit de suffrage.

La loi eut un résultat immédiat, elle empêcha l'insurrection de faire de nouveaux progrès. On continua cependant à faire garder les côtes de Cumes à Rome par des affranchis, le manque de citoyens obligeant Rome à utiliser leurs services[1]. On dut même former, comme pendant la deuxième guerre punique, des légions d'esclaves (*volones*)[2], à qui on promettait la liberté pour prix de leur bonne conduite. Quand on connut la victoire de Cn. Pompeius Strabo remportée à Asculum sur les Picentins[3], les magistrats et les sénateurs reprirent leurs insignes, c'est-à-dire la Tunica laticlavia[4].

Au moment des élections tribunitiennes pour l'année 89, il se produisit un revirement dans l'opinion. On élut des hommes qui condamnaient les mesures de rigueur prises par Q. Varius. Cependant les poursuites continuèrent : à cette date de 89, l'ancien censeur, M. Antonius, qui avait été absent de Rome l'année précédente[5] (il commandait une armée en qualité de légat), dut répondre de sa conduite politique devant les tribunaux[6]. Il fut, paraît-il, acquitté. Mais nous avons une preuve bien frappante du revirement produit dans l'opinion : on comprit que la loi Varia avait eu pour pour résultat de donner plus d'extension à la révolte, Q. Varius fut poursuivi en vertu de sa propre loi, et condamné[7]. Nous retrouvons le même esprit dans une loi *Calpurnia de civitate,* proposée par L. Calpurnius Piso, tribun ou préteur de 89[8]. Elle accordait aux chefs d'armée le droit absolu de conférer, comme ils l'entendraient, le plein droit de cité aux soldats placés sous leurs ordres[9]. A la

---

[1]) App., *b. c.*, 1, 49 Liv., *ep.*, 74. Cf. Macr., *Sat.*, 1, 11, 32. Plut., *Mar.*, 9.

[2]) I. L. A., p. 191.

[3]) Vell., 2, 21. App., *b. c.*, 1, 47.

[4]) Liv., *ep.*, 74. Oros., 5, 18.

[5]) Cic., *Brut.*, 89, 304.

[6]) Cic., *Tusc.*, 2, 24, 57.

[7]) Cic., *Brut.*, 89, 305. *de Nat. deor.*, 3, 33, 81. Val. Max., 8, 6, 4. 9, 2, 2.

[8]) Cf. Cic., *Pis.*, 36, 87. Non. Marc., p. 329 G.

[9]) Non. Marc., p. 74. Cf. p. 89 G. Cic., *Arch.*, 10, 26. *Balb.*, 22, 50.

même époque on donne le droit de cité à des personnages remarquables, et c'est le peuple qui sanctionne[1].

Pour appliquer la loi Julia on crut nécessaire de nommer des censeurs, bien que le dernier cens eût été établi en 92. Furent élus L. Julius Cæsar, l'auteur de la loi, et P. Licinius Crassus Dives[2]. Ils reconnurent qu'il leur serait impossible, tant que la guerre durerait, d'inscrire les nouveaux citoyens sur les listes des tribus[3]; ils renoncèrent donc à faire la répartition par classe et par tribu (*descriptio classium et centuriarum*). Voici comment durent agir les magistrats chargés de présider les comices par tribu et les assemblées populaires (*concilia plebis*) : auparavant, pour les Latins, on tirait au sort une tribu, et les Latins votaient avec les citoyens de cette tribu[4]; on procéda de même, mais au lieu de tirer au sort une tribu, on en fit désigner huit entre lesquelles les nouveaux citoyens présents[5] au moment du vote se répartirent comme ils le voulurent. D'autres magistrats voulurent procéder autrement; ils formèrent, à ce qu'il semble, dix ou quinze nouvelles tribus, qui furent appelée à voter après les trente-cinq anciennes tribus[6]. Les censeurs remplirent toutes leurs autres fonctions :

---

[1] Vell., 2, 16.

[2] Ce P. Licinius Crassus Dives avait été consul en 97, avait ensuite gouverné la province d'Espagne ultérieure, et en 93 avait triomphé des Lusitaniens. (*Fast. triumph.*, I. L. A., p. 460 Cic., *Planc.*, 13, 32. Ascon., p. 14.) En 92, il déploya une grande énergie au sénat, et fit cesser des troubles provoqués par le tribun Cn. Papirius Carbo, fils du consul de 113. (Cic., *de Leg.*, 3, 19, 42, parle de L. Crassus. Cicéron s'est trompé puisque cette année là L. Crassus était censeur.) Pendant la première année de la guerre sociale il avait été lieutenant de son collègue actuel à la censure, L. Julius César. (App., *b. c.*, 1, 40. Cic., *Font.*, 15, 33.)

[3] Cic., *Arch.*, 5, 11. Cf. Festus, p. 289.

[4] Il est question des Latins qui avaient le droit de cité; pour l'exercer il fallait venir se fixer à Rome. En attendant qu'ils pussent se faire inscrire sur les listes du cens, on les autorisait provisoirement à voter; ils étaient alors considérés comme *incolæ* (cf. *Lex. Mal.*, ch. 53). A l'ouverture de l'assemblée on tirait au sort la tribu dans laquelle ils devraient voter. Dans leurs rangs se glissaient forcément des Latins qui n'avaient pas le même droit; on les recevait cependant, quitte à faire examiner leurs titres au prochain recensement. [N. D. T.]

[5] Vell., 2, 20.

[6] App., *b. c.*, 1, 49, cf. 53, 64. Non. Marc., p. 330 G. Ce mode de votation ne fut probablement qu'un essai. Dans ce cas particulier le vote des

ils fermèrent le lustre[1], dressèrent la liste des sénateurs (*lectio senatus*); on rappelle qu'à ce sujet C. Julius Cæsar Strabo Vopiscus, l'ancien édile, frère du censeur, prononça un discours[2]; ils cherchèrent à réprimer le luxe, défendirent la vente des parfums, et réglementèrent le commerce des vins étrangers[3].

Ils s'occupèrent aussi de mesures financières rendues nécessaires par la pénurie du trésor; la réserve[4] qui existait au début de la guerre avait été vite dissipée. Les seuls revenus réguliers étaient les contributions de Sicile[5] et les impôts de l'ager campanus[6] (*vectigalia agri campani*); ces derniers furent réaffermés par les censeurs actuels. Ils ne suffirent pas, il fallut vendre les propriétés situées autour du Capitole et laissées jusque-là en usufruit aux pontifes, aux augures, aux décemvirs (*decemviri sacrorum*) et aux flamines. Ces terrains furent vendus à des particuliers qui y élevèrent des constructions[7].

La fortune des particuliers fut aussi atteinte. L'usure était pratiquée à Rome depuis longtemps; avant la guerre elle avait pris de telles proportions, que le sénat avait essayé de lui imposer des conditions par un sénatus-consulte rendu en 94 (*ne quis Cretensibus pecuniam mutuam daret*[8]). Depuis le commencement de la guerre, les citoyens romains s'étaient tellement endettés que le préteur A. Sempronius Asellio remit en vigueur le plébiscite de Genucius. Ce plébiscite (voir plus haut, tome I, page 276) défendait les prêts usuraires contractés sous une forme déguisée pour tourner la loi; le préteur instruisit les procès dans un sens favorable aux débiteurs. Les créanciers furent très mécontents; encouragés par le tribun C. Cassius, ils attaquèrent le préteur sur la place publique, et l'égorgèrent au moment où il essayait de leur échapper par la

tribus ne fut plus simultané; les nouvelles tribus votèrent à part, après les anciennes (voir plus haut, page 14, note 4).

[1] Fest., p. 289.
[2] Varr., *de r. r.*, 1, 7, 10. Plin., *n. h.*, 17, 3, 4, 32.
[3] Plin., *n. h.*, 13, 3, 5, 24. 14, 14, 16, 95. Solin., 46. Cf. Diod., 37, 3.
[4] Plin., *n. h.*, 33, 3, 17, 55.
[5] Cic.. *in Verr. accusat.*, 2, 2, 5.
[6] Cic., *de Leg agr.*, 2, 29, 80.
[7] Oros., 5, 18. Cf. App., *Mith.*, 22.
[8] Ascon., p. 57.

fuite. Les chevaliers étaient les auteurs du meurtre, le sénat
essaya de poursuivre, mais personne ne fut puni[1].

La *lex Plautia Papiria de civitate sociis danda* paraît avoir
été inspirée aussi par les mêmes censeurs; ils voulurent
donner plus d'extension à la loi Julia, et procurer aux nouveaux censeurs les éléments nécessaires pour faire le prochain recensement. Elle fut présentée par deux tribuns,
M. Plautius Silvanus, l'auteur d'une autre loi dont nous par-
lerons tout à l'heure, et C. Papirius Carbo Arvina[2], fils de
C. Papirius Carbo, condamné en 119; C. Carbo était convaincu, comme beaucoup d'autres, que la loi de Livius
Drusus avait été une des principales causes de la guerre[3];
mais il avait assez de largeur d'esprit pour comprendre qu'il
fallait se résigner à des concessions devenues nécessaires. La
loi Plautia Papiria accordait le droit de cité à tous les Italiens
qui étaient citoyens dans quelque ville; on exigeait d'eux
qu'ils eussent un domicile fixe en Italie au moment où la loi
serait votée, et ils seraient tenus de venir dans les soixante
jours donner leurs noms et faire leur déclaration aux préteurs de Rome[4]. Sans aucun doute[5], la loi accordait le droit
de suffrage à tous les Italiens (jusqu'au Pô), mais ce droit
était réservé jusqu'à l'entrée en fonctions des nouveaux cen-
ceurs. Beaucoup d'Italiens, surtout les Lucaniens et les Samnites, ne tinrent aucun compte des avantages offerts par la
loi[6].

C. Papirius Carbo proposa seul la *lex Papiria*; elle portait
qu'en conséquence de l'assimilation sociale, la semuncia,
monnaie d'appoint en usage chez les Italiens, aurait cours à
Rome[7]. M. Plautius est encore l'auteur d'une loi agraire, dont
les propositions furent reprises plus tard par la lex Flavia[8];

---

[1]) Liv., *ep.*, 74. App.. *b. c.*, 1,54. Val. Max., 9, 7, 4.
[2]) Cic., *Brut.*, 62, 221. Il fut bien tribun en 89, non en 90. Cic., *Brut.*,
89, 305.
[3]) Cic., *Or.*, 63, 213.
[4]) Cic., *Arch.*, 4, 7. 5, 9. Schol. Bob., p. 353.
[5]) Cf. Vell., 2, 17. App., *b. c.*, 1, 53.
[6]) Cf. Dio C., fr., 102, 10 B.
[7]) Plin., *n. h.*, 33, 3, 13, 46. Mommsen, *Münzwesen*, p. 338, 580, 582.
[8]) Cic., *ad Att.*, 1, 18, 6.

elle proposait d'assigner des terres aux soldats qui avaient combattu les alliés, aux nouveaux citoyens confondus avec les anciens.

La *lex Plautia judiciaria* a une plus grande importance ; par cette loi, Plautius voulut, d'accord avec la noblesse[1], permettre aux sénateurs de prendre place dans les tribunaux. Il ne pouvait pas reprendre la loi Livia, mais il voulut atteindre le même but en flattant le peuple et en reconnaissant sa souveraineté ; désormais il ne serait plus question de chevaliers ni de sénateurs pour l'organisation des tribunaux, chaque tribu élirait 15 citoyens qui seraient inscrits sur l'album des juges[2]. Les sénateurs, les simples citoyens, pouvaient devenir juges aussi bien que les chevaliers, et quelques-uns furent élus[3] ; mais les chevaliers réussirent à se faire nommer en plus grand nombre et continuèrent à former la majorité.

La guerre continuait, les Romains avaient l'avantage[4]. L'un des consuls de 89, Cn. Pompeius Strabo, le père du grand Pompée, avait déjà remporté une victoire à Asculum en 90 ; en 89[5], il assiégea Asculum ; le siège l'occupa une grande partie de l'année[6], comme le prouvent les balles de fronde retrouvées sur l'emplacement de cette ville ; il fut soutenu par Sex. Julius Cæsar qui mourut pendant le siège[7]. L'autre consul, L. Porcius Cato, avait une armée détestable[8], recrutée dans la populace de Rome ; il périt dans un combat[9], assassiné, dit-on, par le jeune C. Marius[10]. Le vieux C. Marius, affaibli par l'âge[11], et plus encore par les abus de table[12], joua un rôle effacé. L. Cornelius Sylla, au contraire, se plaça

[1]) Ascon., p. 79.
[2]) Ascon., p. 79. Cic., *Corn. fr.*, 1, 29.
[3]) Ascon., p. 79.
[4]) Vell., 2, 15. Ascon., p. 123.
[5]) M. Tullius Cicéron servait dans son armée. Cic. *Phil.*, 12, 11, 27.
[6]) App., *b. c.*, 1, 47. 50. Oros., 5, 18. Front, *Strat.*, 3, 17, 8.
[7]) App, *b. c.*, 1, 48.
[8]) Dio C., fr., 100 B.
[9]) Liv., *ep.*, 75. App., *b. c.*, 1, 50. Vell., 2, 16.
[10]) Oros., 5, 18.
[11]) Plut., *Mar.*, 33. *Apophth.*, 6.
[12]) Val. Max., 3, 6, 6. Plin., *n. h.*, 33, 11, 53, 150.

au premier rang, et éclipsa complètement son ennemi personnel.

Cet homme remarquable, qui allait sauver par son énergie la constitution prête à disparaître, qui devait contenir la démocratie et lui imposer des barrières qu'elle ne pourrait plus franchir, cet homme avait d'abord été questeur de C. Marius pendant la guerre contre Jugurtha; ensuite lieutenant du même Marius[1], puis de Catulus[2], il avait pris part à la guerre contre les Teutons et contre les Cimbres; pendant plusieurs années il avait disparu de la scène, on pouvait donc croire qu'il n'avait pas d'ambition[3]. En effet, il ne partageait pas l'ambition vulgaire des jeunes nobles, qui voulaient arriver le plus vite possible aux hautes magistratures. Passionné pour les jouissances intellectuelles[4], autant que pour les plaisirs des sens[5], il était un des plus fervents admirateurs de l'art et de la civilisation helléniques[6]. Né d'une famille pauvre[7], et devenu riche, il sut jouir des avantages qu'assure la fortune[8], et préféra les plaisirs du luxe aux satisfactions souvent puériles de la vie publique. Il ne se présenta pas à l'édilité à l'époque fixée; aussi quand il se décida à rentrer dans la carrière, quand il brigua la préture, il subit un échec[9]. Le peuple lui en voulut : on avait espéré qu'à la suite de ses relations avec Bocchus, il donnerait des jeux, des combats de bêtes féroces, et Sylla avait dédaigné l'édilité. En 93, il fut préteur, mais il fallut acheter des voix[10]. Préteur urbain[11], il redevint populaire en faisant égorger dans l'arène jusqu'à 100 lions[12], au moment des jeux d'Apollon. Propréteur il fut envoyé en Ci-

[1]) Plut., *Sull.*, 3. 4.
[2]) Plut , *Sull.*, 4. *Mar.*, 25.
[3]) Vell., 2, 17.
[4]) Sall. *Jug.*, 95.
[5]) Plut., *Sull.*, 2, Val. Max., 6, 9, 6. Schol., Gron., p. 434.
[6]) Cf. Val. Max., 3, 6, 3. Cic., *Rab. post.*, 10, 27.
[7]) Plut., *Sull.*, 1. Sall., *Jug.*, 95.
[8]) Sall., *Jug.*, 95.
[9]) Val. Max., 7, 5, 5.
[10]) Plut., *Sull.*, 5. Vell., 2, 15.
[11]) Aur. Vict., *Vir. ill.*, 75.
[12]) Plin., *n. h.*, 8, 16, 20, 53.

licie[1], et chargé de rétablir sur son trône de Cappadoce Ariobarzane qui avait été chassé par Mithridate, roi de Pont[2]. Il s'acquitta de cette mission avec succès ; il eut encore l'honneur de recevoir une ambassade du roi des Parthes : le roi Arsace demandait à signer un traité d'amitié avec le peuple romain[3]. A son retour, il fut accusé de concussion par Censorinus, mais Censorinus laissa lui-même tomber l'accusation[4]. Pendant la première année de la guerre sociale, il se distingua comme lieutenant de L. Julius Cæsar[5]. Son amour des plaisirs ne l'empêchait pas de déployer une énergie qui croissait avec les dangers[6] ; ils se trompaient ceux qui, relevant les contradictions de sa conduite, le croyaient un homme hésitant, sans caractère, agissant sans calcul[7] ; Sylla savait toujours ce qu'il voulait[8] ; il y avait en lui la finesse du renard et le courage du lion[9]. En 89, il fut lieutenant de L. Porcius Cato ; il gagna la confiance des soldats[10], en leur persuadant qu'il était appelé à de hautes destinées, et qu'il réussirait toujours, grâce aux protections particulières des dieux[11]. Il rendit d'ailleurs tant de services[12], qu'il fut naturellement désigné pour le consulat de 88[13].

Les succès de C. Cosconius chez les Samnites[14], la prise d'Asculum par le consul Cn. Pompeius Strabo[15], furent les

---

[1]) Aur. Vict., *Vir. ill.*, 75. App., *b. c.*, 1, 77. *Mithr.*, 57.

[2]) Plut., *Sull.*, 5. Cf. Liv., *ep.*, 70. App., *Mithr.*, 10, 57.

[3]) Liv., *ep.*, 70. Plut., *Sull.*, 5. Cf. Vell., 2. 24.

[4]) Plut., *Sull.*, 5.

[5]) App., *b. c.*, 1, 40. 46. Cic., *Font.*, 15, 33. Oros., 5, 18, Front., *Strat.*, 1, 5, 17.

[6]) Sall., *Jug.*, 95. Plut., *Sull.*, 2.

[7]) Plut., *Sull.*, 6. 30. Sall., *Jug.*, 95. Vell., 2, 25.

[8]) Cic., *de Off.*, 1, 30, 109.

[9]) Plut., *Sull.*, 28.

[10]) Cf. Liv., *ep.*, 75. Oros., 5, 18. Plut., *Sull.*, 6.

[11]) Plut., *Sull.*, 6. Front. *Strat.*, 1, 11, 11. Cf. Val. Max., 1, 2, 3. Plut., *Sull.*, 29. Cic., *de div.*, 1, 33, 72. 2, 30, 65. Val. Max., 1, 6, 4. Plut., *Sull.*, 9.

[12]) Liv., *ep.*, 75. Oros. 5, 18. Vell., 2, 16. Eutr., 5, 3. Diod., 37, 2. App., *b. c.*, 1, 50. Plin., *n. h.*, 3, 5, 9, 70. 22, 6, 6, 12.

[13]) Plut., *Sull.*, 6. Diod., 37, 35. App., *b. c.*, 1, 51. Liv., *ep.*, 75. Vell., 2, 17.

[14]) App., *b. c.*, 1, 52.

[15]) App., *b. c.*, 1, 48. 50. Liv., *ep.*, 74. 76. Flor., 3, 18

derniers événements militaires de 89. Les habitants d'Asculum furent traités avec la dernière rigueur selon les lois de la guerre[1]; Pompée triompha à Rome le 15 décembre[2]. On peut affirmer que la *lex Pompeia* avait déjà été proposée avant cette date; elle traitait de la situation nouvelle que l'on devait faire aux villes de la Gaule transpadane[3]. On a voulu prétendre que la loi de Pompée, ou une autre proposée en même temps, accordait le droit de cité aux Cispadans, la *latinité* aux Gaulois de la Transpadane. C'est une thèse inacceptable, qui ne s'appuie sur aucune preuve. Les Cispadans pouvaient profiter de la loi Plautia Papiria pour se faire inscrire sur les listes de citoyens; et il est certain d'ailleurs que les Transpadans ne furent pas en une seule fois, par une seule loi, mis en possession du droit latin. Il est plus vraisemblable d'admettre que Pompée se fit accorder par la loi le droit de régler le sort des villes transpadanes[4], en vertu de son autorité proconsulaire; aux unes, à celles qui avaient déjà la *latinitas*, il donna le droit de cité; aux autres, du moins à celles qui lui parurent dignes de cette faveur, il accorda le droit latin. Voilà comment il dut régler le sort de ces villes, et l'Italie jusqu'aux Alpes fut organisée sur de nouvelles bases.

Les alliés vaincus avaient transporté le siège de leur gouvernement de Corfinium à Bovianum, puis à Æsernia[5]. Bien unis, ils changèrent leur constitution; à la tête de l'État, ils placèrent un dictateur, Q. Pompædius Silo; Silo eut sous ses ordres quatre généraux qui commandèrent chacun une armée. Les Romains continuèrent la lutte avec succès; leurs armées étaient commandées par Sylla, alors consul[6], par Cn. Pompeius Strabo qui, en sortant du consulat, avait repoussé avec succès une accusation portée contre lui en vertu de la loi Varia[7];

[1]) Oros., 5, 18.
[2]) Fast. tr., I. L. A., p.. 460. Vell., 2, 21. Ascon., p., 14. Val. Max , 6, 9, 9. Dio C., 49, 21.
[3]) Plin., *n. h.*, 3, 20, 24, 138. Cf., 133. 135.
[4]) Ascon., p. 3. Cf. Dio C., 37, 9.
[5]) App., *b. c.*, 1, 51. Diod., 37, 2. Obseq., 56.
[6]) Plut., *Sull.*, 7. Diod., 37, 2. Vell., 2, 18. Oros., 5, 10. Eutr., 5, 4.
[7]) Cic., *Cornel..*, fr., 1. 29. Ascon., p. 79.

Pompée était proconsul[1] : Q. Cæcilius Metellus Pius[2] et
Mam. Æmilius[3], commandaient en qualité de propréteurs.
Les alliés ne purent obtenir l'alliance de Mithridate qu'ils
avaient eux-mêmes sollicitée[4]; leur cause était désespérée
quand Q. Silo se fit battre, dans deux rencontres, par Mam.
Æmilius[5] et Q. Cæcilius Metellus. Puis, il périt lui-même
dans la dernière de ces deux batailles[6]. Le danger était conjuré
pour Rome, les alliés n'avaient plus qu'une armée, celle de
Pontius Telesinus, composée de Lucaniens et de Samnites,
elle tenait campagne dans le sud de l'Italie[7].

La guerre finie, l'Italie se trouva dans une situation lamen-
table; d'après certains témoignages, plus de 300,000 hommes
avaient succombé[8]; d'autres estiment que le nombre des
morts ne dépassa pas 100,000 ou 150,000[9]; dans tous les cas
l'Italie était ruinée comme au lendemain de la guerre d'Han-
nibal. La situation était même plus désespérée, parce qu'on
ne pouvait plus compter sur l'agriculture pour reconstituer
la fortune de la péninsule. Le métier des armes offrait un
débouché à la tourbe des prolétaires; ils servaient comme
mercenaires dans les armées depuis que C. Marius avait
donné l'exemple de les enrôler. L'armée romaine comptait
alors plus de trente légions[10]; c'était une force militaire im-
posante, mais vu les relations de dépendance qui existaient
entre les chefs et les soldats, elle menaçait plutôt la liberté des
citoyens que l'ennemi de la patrie.

La question du droit de cité semblait résolue ; mais on avait
trop tardé à donner la solution; puis il restait à savoir si l'on
accorderait le privilège de la *Civitas* à ceux des alliés qui

---

[1]) Liv., *ep.*, 76.
[2]) Vell., 2, 15. Cf. Cic., *Arch.*, 4, 7.
[3]) Diod., 37, 2.
[4]) Diod., 37, 2.
[5]) Liv., *ep.*, 76.
[6]) App., *b. c.*, 1, 53. Aur. Vict., *Vir. ill* , 63.
[7]) App., *b. c.*, 1, 53. Diod., 37, 2. Cf. Vell., 2, 17.
[8]) Vell., 2, 15.
[9]) Diod., 37, 40. Obseq, 57. Oros., 5, 22. Eutr., 5, 9. Cf. App., *b. c.*, 1,
103.
[10]) I. L. A., p. 191.

n'avaient pas voulu tenir compte de la loi Plautia Papiria,
aux Samnites surtout [1]; il fallait encore faire la répartition
des citoyens nouveaux entre les 35 tribus : il y avait là des
causes d'agitations nouvelles. Survint ensuite la rivalité de
Marius et de Sylla qui se disputèrent le commandement de la
guerre contre Mithridate; dans la nouvelle guerre civile, les
Italiens joueront encore un rôle important.

[1]) Cf. Dio C., fr., 102, 10 B.

CHAPITRE SEPTIÈME

Les événements d'Orient s'étaient compliqués pendant la guerre sociale. En 101, Mithridate, nous l'avons vu, avait envoyé une ambassade à Rome; C. Marius, en 98, était allé étudier la situation sur place, et plus tard M. Æmilius Scaurus était venu en Asie comme ambassadeur. Mithridate reprochait aux Romains d'avoir proclamé l'indépendance de la Phrygie, qui, d'après un traité signé par Rome avec son père, devait appartenir au royaume de Pont[1]. Pour se dédommager, Mithridate avait occupé la Cappadoce, mais Sylla avait rétabli Ariobarzane en 92. Mithridate répondit en chassant de nouveau Ariobarzane, et de plus Nicomède de Bithynie[2]. Sur la demande de Nicomède, le sénat envoya en 91[3] une ambassade dirigée par le consulaire M. Aquilius. Aquilius était chargé de rétablir les deux rois sur leurs trônes avec l'appui des troupes cantonnées dans la province et placées sous la direction du gouverneur, L. Cassius[4]. Aquilius et Cassius ne se contentèrent pas de reprendre la Bithynie et la Cappadoce, ils conseillèrent à Nicomède de faire une invasion sur le territoire appartenant à Mithridate[5]. Ce dernier réclama auprès du sénat, le sénat écarta sa réclamation[6], les ambassadeurs ne voulurent même pas l'entendre[7]; alors il recommença la guerre en chassant de

[1] Justin.,37, 1-4. 35, 1 et seq.
[2] App., *Mith.*, 10.
[3] Cic., *de Or.*, 3, 61, 229.
[4] App., *Mith.*, 11. Justin., 38, 3. cf. Liv., *ep.*, 74.
[5] App., *Mith.*, 11. Dio C., fr., 99 B. Justin., 38, 5.
[6] Dio C., fr., 99 B. Eutr., 5, 5.
[7] App , *Mith.*, 12 et seq.

nouveau Ariobarzane de la Cappadoce (88)[1]. Aquilius et Cassius, sans attendre les ordres du sénat et du peuple, rassemblèrent en toute hâte une armée[2]; mais Mithridate les prévint, et battit Nicomède sur le fleuve Amnias[3].

A ces nouvelles le sénat, qui avait sur les bras la guerre sociale, décida qu'une expédition serait dirigée contre Mithridate. Il n'y avait plus d'argent dans le trésor, on vendit des objets consacrés au culte ou déposés dans les temples. Un des consuls de 88 dut prendre la direction de la guerre, Sylla fut désigné par le sort[4]. Sylla avait alors cinquante ans[5], il venait de se marier pour la quatrième fois avec Cæcilia Metella, la fille de L. Metellus Dalmaticus, ou de L. Metellus Diadematus, et veuve de M. Æmilius Scaurus[6]; il n'avait pas encore terminé la guerre sociale, il combattait en Campanie, près de Nola. A ce moment, voulant profiter de son absence, C. Julius Cæsar Strabo Vopiscus prépara sa candidature au consulat de 87, espérant que, comme successeur de Sylla, il serait chargé de la guerre d'Asie[7]. Mais Cæsar, qui avait été édile en 91, n'avait pas été préteur, donc sa candidature était illégale[8]; c'est ce que firent remarquer les tribuns P. Sulpicius Rufus et P. Antistius[9]. Sulpicius était un jeune homme passionné; n'ayant pas réussi à faire condamner C. Norbanus, il avait résolu de se venger des nobles, et passé au peuple pour devenir tribun; cependant, en 91 il figurait encore dans le parti des optimates à côté de Livius; pendant la guerre, il s'était distingué[10]; dans la lutte engagée contre César au sujet du consulat de 87, il se laissa facilement entraîner[11] aux voies de fait; on les considère

---

1) App., *Mith.*, 15. Liv., *ep.*, 76. Oros., 6, 2. Cf. Ci., *Man.*, 3, 7.
2) App., *Mith.*, 17.
3) App., *Mith.*, 18. Liv., *ep.*, 76. Strab., 12, 3, 40. Memnon apud Phot., p. 230 B (= *Hist. Græc. Fragm.* Vol. III. p. 541.)
4) App., *Mith.*, 22. *b. c.*, 1, 55. Vell., 2, 18.
5) Vell., 2, 17. Plut., *Sull.*, 6.
6) Ascon., p. 18. 27.
7) Ascon., p. 24. Diod., 37, 2.
8) Ascon., p. 24. Cic., *Har. Resp.*, 20, 43. *Phil.*, 11, 5, 11.
9) Cic., *Brut.*, 63, 226.
10) Cic., *Brut.*, 89, 304. Liv., *ep.*, 76.
11) Prisc., p. 170. 261 H. Cic., *Brut.*, 89, 306.

généralement comme le point de départ de la guerre civile dont Marius et Sylla furent les héros[1].

Il est prouvé en effet que Sulpicius était l'instrument de C. Marius[2]. Marius, honteux du rôle secondaire qu'il avait joué pendant la guerre sociale, irrité surtout contre Sylla[3], qui se servait toujours d'un sceau sur lequel il avait fait figurer la scène de la reddition de Jugurtha[4], Marius voulait de nouveau jouer un rôle actif, et prétendait que lui seul devait avoir la direction de la guerre contre Mithridate[5]. Pour cela il fallait fortifier son parti; Marius fit proposer par un tribun une loi, *ut exules, quibus causam dicere non licuisset, revocarentur*[6]. Il désignait sans doute par là ceux des chevaliers qui avaient été menacés de l'exil en 89 en vertu de la loi Varia interprétée dans un sens contraire à son esprit primitif. Sulpicius, quand cette loi fut proposée, était encore avec les optimates, il fit opposition; mais peu après nous le voyons prendre la défense de Marius, et soutenir la même loi qu'il venait de combattre; il lui fallut s'expliquer. Il déclara que par bannis il entendait non ceux qui avaient été exilés, mais ceux qui avaient été chassés par violence, *vi ejecti*[7]. Pourquoi avait-il passé du côté de Marius? Marius avait dû lui assurer des avantages, il y eut un compromis, un traité politique entre ces deux hommes. Or, nous croyons que Marius lui confia la mission d'appliquer la loi qui accordait le droit de cité à tous les Italiens; Marius le décida à accorder ce droit sans restriction, comme le demandait déjà Livius Drusus; les chevaliers l'avaient combattu, Marius lui persuada que lui et les chevaliers n'arriveraient au pouvoir qu'à cette condition. Sulpicius dut se convaincre qu'il arriverait plus facilement à la réalisation des projets de Livius avec l'appui des partisans de Marius qu'avec le secours des optimates. Ces derniers d'ailleurs avaient sacrifié Livius, et,

[1]) Ascon., p. 24.
[2]) App., *b. c.*, 1, 55. Vell., 2, 18.
[3]) Plut.. *Mar.*, 32. *Sull.*, 6.
[4]) Plut.. *Sull.*, 3. *Mar.*, 10. Plin., *n. h.*, 37, 1, 4, 8. Val. Max., 8, 14. 4.
[5]) App., *b. c.*, 1, 55. Diod., 37, 2. 40. Vell., 2, 18.
[6]) Cornif., *ad Her.*, 2, 28.
[7]) Cornif., *ad Her.*, id.

s'ils avaient accordé le droit de cité, ils l'avaient fait avec des réserves, en posant des conditions qui rendaient illusoire le droit de suffrage.

Marius ne paraissait pas encore sur la scène; il se livrait à des exercices gymnastiques au champ de Mars pour prouver qu'il était encore valide[1]. Sulpicius présenta trois projets de de loi; il attaquait ouvertement les optimates et s'appuyait sur les chevaliers et sur la plèbe.

Voici le premier : *ut novi cives libertinique in omnes tribus distribuerentur*[2]. Cette loi supprimait l'article de la loi Julia qui concernait le droit de suffrage des nouveaux citoyens, elle supprimait aussi les restrictions de la loi Æmilia de 115 imposées aux affranchis; elle avait surtout pour but d'assurer les votes des affranchis et des nouveaux citoyens au tribun qui voulait reprendre les projets de Livius.

La seconde loi : *ut vi ejecti revocarentur*[3], était faite en faveur des chevaliers, nous l'avons dit plus haut.

D'après la troisième, tout sénateur qui aurait plus de deux mille deniers de dettes serait exclu du sénat[4]; Sulpicius se proposait alors de donner les places vacantes à des chevaliers.

Sylla revint à Rome pour combattre ces lois; il s'entendit avec son collègue Q. Pompeius Rufus; tribun en 100, préteur en 91, Q. Rufus avait toujours combattu les démagogues et les chevaliers, il s'était lié naguère avec Sulpicius quand ils soutenaient tous deux Livius Drusus[5]. Sylla et Rufus fixèrent pour tous les jours de comices jusqu'à la fin de l'année des *feriæ imperativæ*[6]. Sulpicius n'était pas homme à céder devant

---

[1] Plut., *Mar.*, 34. Diod., 37, 39.

[2] Liv., *ep.*, 77. App., *b. c.*, 1, 55. Ascon., p. 64.

[3] Cornif., *ad Her.*, 2, 28. Liv., *ep.*, 77.

[4] Plut., *Sull.*, 8.

[5] Cic., *Læl.*, 1, 2. Cf. *de Or.*, 3, 3, 11.

[6] App., *b. c.*, 1, 55. Plut., *Sull.*, 8. Les *feriæ imperativæ* sont des fêtes extraordinaires, exceptionnelles, on les distingue des fêtes mobiles (*feriæ conceptivæ*), et des fêtes qui se célébraient à jours fixes (*feriæ stativæ*). Les magistrats revêtus de l'*imperium* pouvaient seuls en établir, et encore avec l'approbation des pontifes. Elles ont été souvent imaginées, comme pour le cas présent, dans un but politique. Ces jours-là il était défendu de réunir les comices. (Varr., *l. l.*, 6, 29. Gell., 10, 24, 3. Macr., *Sat.*, 1, 4, 27. Cic., *Fam.*, 8, 11, 1. Cf. Liv., 34, 55.) [N. D. T.]

un pareil obstacle. Il convoqua des assemblées tous les jours [1],
et prononça pour défendre ses lois de nombreux et éloquents
discours. Sulpicius était un des orateurs les plus éloquents de
la jeune génération [2]. Si les discours ne suffisaient pas, il était
résolu à employer la violence; lui qui reprochait à son modèle
Saturninus d'avoir manqué d'énergie, prit une garde personnelle de six cents chevaliers, qu'il appela l'antisénat, et arma
trois mille hommes du peuple [3]; puis, entouré de cette force
armée, il somma les consuls de retirer leur édit. On en vint
aux mains, le fils de Q. Pompeius Rufus fut tué dans la mêlée,
Q. Rufus s'enfuit, Sylla dut rapporter l'édit et supprimer les
féries [4].

Sylla regagna son camp; Sulpicius fit passer ses trois
lois; aussitôt après il déposa [5] un nouveau projet en faveur de
C. Marius : *ut Sullæ imperium abrogaretur, C. Mario privato
proconsule provincia Asia et bellum decerneretur Mithridati-
cum* [6].

Afin d'en assurer le succès, Sulpicius et Marius envoyèrent
deux tribuns des soldats dans le camp de Sylla pour gagner
les soldats à la cause de Marius; les soldats égorgèrent les
deux tribuns [7]; tous les officiers supérieurs, à l'exception d'un
questeur, abandonnèrent Sylla, mais les officiers d'ordre inférieurs et les soldats s'unirent pour demander que leur chef —
Sylla était pour eux un dieu — les conduisît à Rome [8]. Les
partisans de Sylla chassés de Rome vinrent se réfugier dans le
camp. Sylla, sans tenir compte des supplications du sénat qui
lui envoya des ambassadeurs, marcha sur Rome avec six
légions, entra dans la ville avec son armée — c'était la pre-

[1]) Cic., *Brut.*, 89, 306.
[2]) Cic., *Brut.*, 49, 183. 55, 203. *de Or.*, 1, 29, 131. 2, 21, 83. 3, 8, 31.
Har. Resp., 19, 41,
[3]) Plut., *Mar.*, 35. *Sull.*, 8. App., *b. c*, 1. 56.
[4]) App., *b. c.*, 1, 56. Plut., *Mar.*, 35. *Sull.*, 8. Liv., *ep.*, 77. Vell, 2, 18.
[5]) App., *b. c.*, 1, 55. 56.
[6]) Vell., 2, 18. Liv., *ep.*, 77. Val. Max., 9, 7. *Mil.*, 1. Flor., 3, 21, 6.
Aur. Vict., *Vir. ill.*, 67. 75. Schol. Gronov., p. 410. Exuper., 3. Plut.,
Mar., 34. 35. *Sull.*, 8.
[7]) Plut., *Sull.*, 8. *Mar.*, 35. Val. Max., 9, 7. *Mil.*, 1. Cf. Oros., 5, 19.
[8]) App., *b. c.*, 1, 57.

mière armée qui franchissait l'enceinte du pomœrium — et, après un violent combat, chassa ses ennemis[1].

Le jour suivant les consuls tinrent une assemblée, où ils exposèrent le plan des réformes qu'ils jugeaient nécessaires[2]; ils convoquèrent aussi le sénat, et demandèrent qu'il déclarât[3] ennemis du peuple romain (*hostes populi romani*), Marius et douze de ses principaux partisans; en vertu de ce décret, ils seraient hors la loi, quiconque les rencontrerait pourrait les mettre à mort[4]. Le vieux Q. Mucius Scévola, l'augure, s'opposa seul à ce décret qui allait déclarer ennemi le sauveur de Rome[5]. Le décret du sénat atteignit[6] : C. Marius, neveu du grand Marius[7], qu'il avait adopté[8], et P. Sulpicius, P. Cornelius Cethegus, M. Junius Brutus, Cn. et Q. Granius, P. Tullius Albinovanus, M. Lætorius (ou Plætorius), enfin Q. Rubrius Varro[9] et deux inconnus. Un esclave révéla la retraite de P. Sulpicius qui fut égorgé[10]. Le peuple condamna par contumace à l'exil ceux qui s'étaient enfuis[11], et prononça la confiscation de leurs biens[12].

Les consuls s'occupèrent ensuite de la législation nouvelle[13]: les lois Sulpiciæ furent abrogées[14] sous prétexte qu'elles avaient été votées par violence (*per vim*); en effet, Sylla avait été con-

---

[1] App., *b. c.*, 1, 57. 58. Plut., *Sull.*, 9. *Mar.*, 35. Cic., *Phil.*, 14, 8, 23. Liv., *ep.*, 77. Oros., 5, 19. Val. Max., 8, 6, 2, Flor., 3, 21, 1. Eutr., 5, 4.

[2] App., *b. c.*, 1, 59.

[3] Plut., *Sull.*, 10. Liv., *ep.*, 77. Flor., 3, 21, 8. Schol. Bob , p. 249

[4] App., *b. c.*, 1, 60. 75. Diod., 37, 40.

[5] Val. Max., 3, 8, 5.

[6] App., *b. c.*, 1, 60.

[7] App., *b. c.*, 1, 87.

[8] Liv., *ep.*, 77. 86. Vell., 2, 26. Plut., *Mar.*, 46. Cæs., 1. Nep., *Att.*, 2.

[9] Cic., *Brut.*, 45, 168.

[10] Liv., *ep.*, 77. Oros., 5, 19. Val. Max., 6, 5, 7. Plut., *Sull.*, 10. App., *b. c.*, 1, 60. Vell., 2, 19. Eutr., 5, 4. Cornif., *ad Her.*, 1, 15, 25. 4, 22, 31. Cic., *de Or.*, 3, 3, 11. *Brut.*, 63, 227. *Cat.*, 3, 10, 24. Ascon., p. 64. Schol., Gron., p. 410. Nep., *Att.*, 2.

[11] Vell., 2, 19.

[12] Diod., 37, 40. App., *b. c.*, 1, 60.

[13] Liv., *ep.*, 77.

[14] App., *b. c.*, 1, 59. Cf. Cic., *Phil.*, 8, 2, 7.

traint par la force à rapporter le décret qui établissait les *feriæ imperativæ*. Ils firent voter les lois suivantes :

La loi *Cornelia Pompeia de tribunicia potestate* limitait le pouvoir des tribuns. Depuis la loi Hortensia de 287 les tribuns n'étaient plus tenus de soumettre leurs propositions de lois au sénat; la loi rétablit cette obligation[1], et coupa court aux agitations dont les tribuns avaient été les auteurs, surtout depuis les Gracques; c'est à ce moment que les tribuns avaient abandonné la coutume ancienne de faire autoriser leurs propositions de loi par un sénatus-consulte.

Une loi *Cornelia Pompeia de comitiis centuriatis* réorganisa les centuries et décida que les comices seraient tenus et composés comme l'avait déterminé Servius Tullius[2]. Désormais il n'y aurait plus d'élections populaires de consuls, de préteurs ni de censeurs, ce qui arrivait fréquemment avec l'organisation actuelle des comices.

Ces deux lois devaient assurer le triomphe de l'oligarchie des nobles sur la démocratie révolutionnaire. Les consuls cherchèrent ensuite à relever le prestige du sénat, chef naturel de l'oligarchie; on dressa de nouveau la liste des sénateurs (*lectio senatus*), et on fit entrer dans la haute assemblée trois cents membres choisis parmi les familles les plus aristocratiques[3]. Il faut bien se garder de confondre cette réforme du sénat opérée par Sylla consul, avec celle que Sylla réalisa pendant sa dictature[4].

Enfin les consuls ne manquèrent pas de songer à la situation matérielle des citoyens; il fallait accorder des faveurs pour se faire pardonner le rétablissement de l'oligarchie. Sylla fonda

[1]) App., *b. c.*, 1, 59.
[2]) App., *b. c.*, 1, 59.
[3]) App., *b. c.*, 1, 59. Sylla admit ces 300 nouveaux sénateurs pour compléter le sénat qui avait perdu un grand nombre de ses membres pendant la guerre sociale et la guerre civile. On a calculé que le sénat avait perdu 24 consulaires, 7 prétoriens, 16 anciens édiles, et environ 200 sénateurs. En 91 le nombre des sénateurs était déjà tombé au-dessous du chiffre de 300. Sylla, pendant son consulat, dut compléter le sénat, comme on l'avait fait après la bataille de Cannes. (A ce moment on avait admis dans le sénat 177 nouveaux membres.) Mais alors le sénat dut compter bien plus de 300 membres. [N. D. T.]
[4]) App., *b. c.*, 1, 100.

des colonies[1], c'est tout ce que nous savons ; les deux consuls firent voter la loi *Cornelia Pompeia unciaria* en faveur des débiteurs ; elle fixait de nouveau le taux légal au *fenus uncia-rium* ou bien elle supprimait le douzième de toutes les dettes[2]. On peut encore attribuer aux deux consuls la loi *Pompeia de sponsu,* et la loi *Cornelia de sponsu*[3] ; ils crurent qu'en dimi-nuant les cautionnements, ils permettraient aux débiteurs de se libérer plus facilement.

Sulpicius était mort avant l'expiration de sa charge[4]. Aux élections faites pour 87, Sylla sut écarter[5] la candidature au tribunat de Q. Sertorius, ardent partisan de Marius ; Sertorius était un brave qui s'était distingué dans la guerre contre les Cimbres sous Cæpio et sous Marius ; il avait servi en Espagne en qualité de tribun des soldats sous T. Didius[6] ; au début de la guerre sociale, il était questeur pour la Gaule (*quæstor gal_licus*), il avait rendu de grands services à l'État en levant des troupes et des contributions[7]. Sylla pourtant ne put empêcher l'échec de deux de ses partisans, Nonius et Servius[8]. Aux élec-tions consulaires, le parti de Marius fit encore sentir sa force. Le candidat de ce parti était L. Cornelius Cinna qui, après sa préture, avait combattu pendant la guerre sociale en qualité de lieutenant[9]. Sylla, soit pour ménager sa popularité, soit pour hâter le départ de l'armée qui allait, sous sa direction, combattre Mithridate, Sylla laissa poser sa candidature ; il avait d'ailleurs pris ses précautions en lui faisant jurer que rien ne serait changé pendant son absence[10]. Le second consul fut Cn. Octavius, du parti des optimates, mais faible et sans éner-gie politique[11].

[1] Liv., *ep.*, 77.
[2] Fest., p. 375.
[3] Gaj., 3, 123. 124.
[4] App., *b. c.*, 1, 60.
[5] Plut., *Sert.*, 4.
[6] Plut., *Sert.*, 3. Sall., *hist.*, 1, 55 D.
[7] Plut., *Sert.*, 4. Gell., 2, 27, 2. Sall., *hist.*, 1, 55 D.
[8] Plut., *Sull.*, 10.
[9] Liv., *ep.*, 76. Cic., *Font.*, 15, 33.
[10] Plut., *Sull.*, 10. Dio C., fr. 102, 4 B. Sch. Gron., p. 410. Eutr., 5, 4.
[11] Dio C., f., 102, 8 B. Vell., 2, 22.

On savait qu'on préparait des pièges aux consuls pour le moment où ils sortiraient de charge. Pompeius était surtout menacé, on prorogea son imperium, en lui donnant la Gaule cisalpine et l'armée du proconsul Cn. Pompeius Strabo[1]. A son arrivée au camp, il fut bien reçu par Strabo, mais, probablement à l'instigation de ce dernier, les soldats l'assassinèrent[2], et Strabo conserva l'imperium[3]. A cette nouvelle, Sylla, qui avait envoyé son armée à Capoue, crut qu'il était prudent de quitter Rome; malgré les renseignements qui lui parvinrent au début de 87 sur les manœuvres hostiles de Cinna, il se prépara à passer en Grèce[4].

L'année 88 est une date capitale dans l'histoire de la constitution romaine. Pour la première fois, les légions avaient désobéi à une décision du peuple, qui était d'ailleurs arbitraire et dictée par l'esprit de parti; elles avaient forcé un général aimé et illustre à les conduire contre des citoyens, et c'est dans Rome même que le combat avait été livré; les légions avaient obéi à leur chef et non à la loi. Cet exemple ne sera pas oublié; on verra d'autres ambitieux s'appuyer sur une armée dévouée pour satisfaire leur ambition; on en verra, comme on vient de voir Strabo, employer l'assassinat pour conserver le commandement. Le moment est venu où les chefs de parti vont se combattre avec les armées romaines; la chose publique sera le prix de la victoire, et ils s'en serviront pour doter leurs soldats dont ils sont obligés d'acheter la complaisance[5]. Il ne sera plus question de liberté, de développement progressif, l'histoire n'enregistre plus que les victoires et les défaites des partis[6].

A peine consul, Cinna attaqua les institutions de Sylla; sur son conseil, le tribun M. Vergilius poursuivit Sylla devant les

---

1) Val. Max., 9, 7. *Mil.*, 2. App., *b. c.*, 1, 63, pense qu'il y eut un décret de l'assemblée du peuple.

2) App., *b. c.*, 1, 63. Val. Max., 9, 7. *Mil.*, 2. Liv., *ep.*, 77. Vell., 2, 20.

3) App., *b. c.*, 1, 63.

4) App., *b. c.*, 1, 64. Plut., *Sull.*, 10.

5) App., *b. c.*, 1, 55. Plut., *Sull.*, 12. Val. Max., 7, 6, 4. Cic., *Cat.*, 3, 10, 24.

6) Sall., *Cat.*, 11.

tribunaux[1]. Pendant que Sylla s'embarquait pour la Grèce sans se soucier de l'accusation, Cinna acheté par Marius pour trois cents talents, trahissait son serment et proposait une loi *Cornelia de novorum civium ac libertinorum suffragiis*, qui était une simple reproduction de la loi Sulpicia[2]. Il demanda aussi, par une loi *Cornelia de exulibus revocandis*, le rappel des exilés : or les exilés étaient C. Marius et ses partisans déclarés par le sénat ennemis publics[3]. Cn. Octavius et quelques tribuns combattirent les propositions de Cinna[4]; il y eut même au moment du vote intercession[5] des tribuns, surtout de Sex. Lucilius[6] ou Licinius[7]. Cinna fit procéder au vote malgré l'intercession tribunitienne; alors Cn. Octavius chassa les masses populaires de la place publique, le sang coula à flots, Cinna fut obligé de quitter la ville avec ses partisans[8]. Six tribuns l'accompagnèrent[9], parmi eux se trouvaient probablement C. Milonius et un certain C. Marius[10]; Q. Sertorius qui n'était pas tribun, les suivit. C. Marius, que nous venons de nommer, était probablement le personnage désigné plus souvent sous le nom de M. Marius Gratidianus[11], qui avait été adopté par un parent du vieux C. Marius[12].

Le sénat, sur la proposition de Cn. Octavius, décida que Cinna avait cessé d'être citoyen; par conséquent, il ne pouvait plus être consul, le sénat supprima ses pouvoirs (*imperium*), et à sa place on nomma consul le flamine de Jupiter L. Cornelius Merula[13]. Cinna se rendit en Campanie à l'armée du pro-

---

1) Cic., *Brut.*, 48, 179. Plut., *Sull.*, 10.
2) App., *b. c*, 1, 64. Vell., 2, 20. Cic., *Phil.*, 8, 2, 7. Schol., Gron., p. 410. Exuper., 4.
3) Aur. Vict., *Vir. ill.*, 69. Flor., 3, 21, 9. Cf. App., *b. c.*, 1, 64.
4) Cic., *Brut.*, 47, 176. *Phil.*, 13, 1, 2.
5) App., *b. c.*, 1, 64.
6) Vell., 2, 24. Cf., Plut., *Mar.*, 45.
7) Liv., *ep.* 80.
8) App., *b. c.*, 1, 64. Plut., *Mar.*, 41. Sert., 4. Liv., *ep.*, 79. Cic., *Cat.*, 3, 10, 24. *Sest.*, 36, 77. Vell., 2, 20.
9) Liv., *ep.*, 79. Gran. Lic., p. 23 Bonn.
10) App., *b. c.*, 1, 65.
11) Cic., *Brut.*, 45, 168. 62, 223. *de Off.*, 3, 16, 67. *de Or.*, 1, 39, 178.
12) Cf. App., *Iber.*, 100, et Flor., 3, 21, 26.
13) App., *b. c.*, 1, 65. Liv., *ep.*, 79. Vell., 2, 20. Plut., *Mar.*, 41.

préteur Appius Claudius[1]; on venait d'enlever son commandement à A. Claudius, sur la proposition des tribuns, avant le départ de Cinna, on ne sait pour quels motifs[2]. Cinna gagna son armée, se fit prêter serment de fidélité, et, imitant Sylla, marcha sur Rome; en route, il enrôla des contingents de nouveaux citoyens, il eut jusqu'à 300 cohortes, 30 légions[3].

La guerre dite d'Octavius, *bellum Octavianum*[4], était ouverte; le parti des optimates, divisé en plusieurs fractions, allait subir un grave échec. Octavius et Merula s'empressèrent de mettre la ville en état de défense; ils appelèrent Cn. Pompeius Strabo, maintenu contrairement aux lois à la tête de l'armée qui occupait la Gaule cisalpine; Strabo s'approcha de Rome et campa devant la porte colline[5]. Très peu rassuré sur sa situation personnelle, il voulut obtenir des garanties pour prix de son intervention en faveur de l'un ou de l'autre parti; sa première condition fut qu'il serait élu consul pour l'année suivante; il négocia, paraît-il, en même temps avec les consuls et avec Cinna[6]. Cinna gagna ainsi du temps pour organiser ses troupes, et faire sa jonction sous les murs de Rome avec C. Marius[7]. On connaît les aventures de C. Marius[8], on sait qu'il avait pu gagner l'Afrique où il avait rejoint son fils adoptif et ses partisans bannis de Rome; de là il était revenu en Italie, et venait de débarquer en Étrurie[9].

Cinna et Marius partagèrent leur armée en quatre corps, placés sous le commandement de Cinna, de Marius, de Q. Sertorius et de Cn. Papirius Carbo, le tribun de 92[10]. Cn. Pompeius Strabo venait de se décider pour le parti d'Octavius; il

[1]) Liv., *ep.*, 79. Cf. Cic., *Arch.*, 5, 9.

[2]) Cic., *de Dom.*, 31, 83.

[3]) Vell., 2, 20. App., *b. c.*, 1, 65. 66.

[4]) Cic., *Phil.*, 14, 8, 23. *De div.*, 1, 2, 4. *Nat. deor.*, 2, 5, 14.

[5]) App., *b. c.*, 1, 66.

[6]) Vell., 2, 21. Gran. Lic., p. 25. Bonn... Liv., *ep.*, 79. Obseq., 56. Oros., 5, 19.

[7]) Gran. Lic., p. 23. App., *b. c.*, 1, 67. Plut., *Sert.*, 5.

[8]) App., *b. c.*, 1, 81. Plut., *Mar.*, 35-40. Diod.. 37, 40. Liv., *ep.*, 77. Vell., 2, 19. Oros., 5, 19 Aur. Vict., *Vir. ill.*, 67. Gran. Lic., p. 23. Val. Max., 1, 5, 5. 2, 10, 6. 8, 2, 3. Cic., *Sest.*, 22, 50. *Planc.*, 10, 26. Cf. Corn. Nep., *Att.*, 2.

[9]) App., *b. c.*, 1. 67. Plut., *Mar.*, 41.

[10]) App., *b. c.*, 1, 67. Liv., *ep.*, 79. Oros., 5, 19. Flor., 3, 21, 13.

livra à Sertorius un premier combat qui fut indécis[1]. Marius occupa Ostie[2], et Cinna fit occuper la Gaule cisalpine[3]; de leur côté, les consuls enjoignirent à Q. Cæcilius Metellus Pius, qui combattait encore les Samnites dans le sud, de signer immédiatement la paix[4], et d'accourir au secours de Rome[5]. Rome ne put traiter avec les Samnites qui exigeaient trop; alors Cinna appliqua les principes qu'il avait soutenus l'année précédente, il offrit aux Samnites les avantages que le sénat ne voulait pas se résigner à accorder; les Samnites passèrent dans le parti de Marius[6]. Pendant que Metellus était en route pour Rome avec une partie de son armée[7], son lieutenant Plautius se fit battre par les Samnites[8].

Sur les entrefaites, Marius s'était fait livrer le Janicule par trahison, Cinna était venu le rejoindre. Il y eut là un combat terrible avec les troupes de Octavius et de Cn. Pompeius Strabo : Cinna et Marius durent abandonner le Janicule[9] Les optimates ne surent pas profiter de leur victoire; d'abord P. Strabo s'opposa à ce que l'on poursuivît l'ennemi[10], puis une épidémie venait d'éclater dans son armée, il en mourut lui-même peu après[11]. Le peuple se vengea de P. Strabo, dont les tergiversations avaient tout compromis; il maltraita son cadavre au moment des funérailles[12]. Le sénat se décida enfin à donner le droit de cité sans condition à tous les alliés, même aux *deditii*, que d'anciens traités avaient réduits à cette condition, et qui avaient dédaigné les avantages offerts par la loi Plautia Papiria; cela ne servait de rien, les alliés n'envoyèrent à Rome que 16 cohortes; elles ne comblèrent même pas

[1] Oros., 5, 19. Gran. Lic., p. 25.
[2] Liv., *ep.*, 79. Oros., 5, 19. Gran. Lic., p. 23. 25. Plut., *Mar.*, 42.
[3] App., *b. c.*, 1, 67. Gran. Lic., p. 27. Val. Max., 4, 7, 5.
[4] Liv., *ep.*, 80.
[5] App., *b. c.*, 1, 68. Dio C., fr., 102, 9, 10 B. Gran. Lic., p. 25.
[6] Gran. Lic., p. 27. Liv., *ep.*, 80. App., *b. c.*, 1, 68.
[7] Gran. Lic., p. 25.
[8] Liv., *ep.*, 80.
[9] App., *b. c*, 1, 68. Gran. Lic., p. 25. Liv., *ep.*, 80. Vell., 2, 21.
[10] Gran. Lic., p. 25.
[11] App., *b. c.*, 1, 68. Plut., *Pomp*, 1. Vell., 2, 21 Gran. Lic., p. 27. 29.
[12] Obseq., 56. Gran. Lic., p. 29. Plut., *Pomp.*, 1. Vell., 2, 21.

les vides faits dans l'armée de Cn. Octavius[1]. Marius prit Antium, Aricie, Lanuvium et d'autres villes; il se rapprocha de Rome et s'unit de nouveau avec Cinna, Carbo et Sertorius[2].

Les optimates étaient découragés; une partie de l'armée de Strabo avait passé du côté de Cinna du vivant même de son chef[3]; Octavius en recueillit les débris[4], mais les soldats n'avaient aucune confiance en Octavius, ils se donnèrent à Metellus, qui les renvoya au consul; alors le plus grand nombre se rendirent au camp de Cinna[5]. L'armée des optimates, campée sur le mont Albain, sous les ordres de Octavius, Metellus et Crassus[6], était trop faible et trop démoralisée[7], pour que l'on pût tenter une action décisive. Les esclaves de Rome fuyaient aussi auprès de Cinna; Rome n'était pas approvisionnée, on pouvait craindre que la population de Rome ne se déclarât aussi pour les révoltés; le sénat résolut d'ouvrir des négociations; Metellus en fut chargé et dut se rendre auprès de Cinna[8]. Cinna exigea d'abord qu'on le reconnût consul[9]; Metellus accepta, mais le sénat, surtout Octavius, qui était superstitieux[10], ne crurent pas pouvoir satisfaire Cinna[11], avant que Merula n'eût donné volontairement sa démission[12]. Metellus était d'ailleurs mécontent, il n'y avait pas d'entente entre les optimates, quelques escarmouches compromirent les négociations[13]; il emmena son armée dans le sud, voulant se réserver pour des temps meilleurs[14]. Enfin le sénat

---

[1]) Gran. Lic., p. 27.
[2]) App., *b. c.*, 1, 69. Cf. Liv., *ep.*, 80. Oros., 5, 19.
[3]) Plut., *Pomp.*, 3.
[4]) Gran. Lic., p. 29.
[5]) Plut., *Mar.*, 42. Cf. Liv., *ep.*, 80.
[6]) App., *b. c.*, 1, 69; ce Crassus doit être P. Crassus Dives, Cf. Gran. Lic., p. 25. 29.
[7]) Gran. Lic., p. 29.
[8]) App., *b. c*, 1, 69. Gran. Lic., p. 29.
[9]) App., *b. c.*, 1, 69. Diod., 38, 1.
[10]) Plut., *Mar.*, 42. Cf. Cic., *de Divin.*, 1, 2, 4.
[11]) Diod., 38, 2.
[12]) Diod., 38, 3.
[13]) Gran. Lic., p. 29. Vell., 2, 21.
[14]) Plut., *Mar.*, 42.

se décida à envoyer vers Cinna une ambassade pour lui reconnaître le titre de consul : il était trop tard, Cinna avait
amené ses troupes et celles de Marius devant les portes de la
ville ; il ne voulait plus traiter avec le sénat, il exigeait une
soumission sans condition. Cinna le signifia aux représentants
du sénat dans un langage plein de fierté ; C. Marius, qui assistait
à l'entrevue, lançait des regards farouches, pleins de menaces[1].
Cinna entra dans la ville ; C. Marius resta à la porte, attendant le sénatus consulte qui lui permettrait de rentrer, Cinna
s'empressa de faire voter la loi qu'il avait présentée au début
de son consulat, la loi *Cornelia de C. Mario et ceteris exulibus revocandis*[2].

Aussitôt que C. Marius fut rentré, commença le massacre
hideux des principaux membres du parti aristocratique. Le
sénat fournit un grand nombre de victimes[3], on égorgea le
consul Cn. Octavius, les anciens censeurs L. Julius Cæsar
avec son frère Gajus, P. Licinius Crassus Dives avec son fils
Publius, l'orateur M. Antonius, qui était allé chercher Metellus
Pius[4] ; des sénateurs moins célèbres, comme C. Atilius Ser-
ranus, P. Cornelius Lentulus, C. Numitorius, M. Bæbius et
Q. Ancharius[5]. On exposa leurs têtes sur la tribune aux ha-
rangues, leurs cadavres restèrent sans sépulture. On laissa
cependant leurs biens à leurs familles[6]. Marius présidait ivre
de sang, entouré de sa garde particulière, les Vardéens, qu'il
avait recrutés parmi les esclaves illyriens échappés des ergas-
tula de l'Étrurie[7] ; il leur ordonnait d'égorger tous ceux de
ses ennemis qu'il rencontrait. Le carnage dura cinq jours et

[1] App., *b. c.*, 1, 70. Plut., *Mar.*, 43.
[2] Dio C., f., 102, 11 B. Vell., 2, 21. Cf. App., *b. c.*, 1, 70. Plut., *Mar.*,
43. Cic., *p red. ad Sen.*, 15, 38. *ad Quir.*, 4, 10.
[3] Cic., *Cat.*, 3, 4, 10. *Nat. deor.*, 3, 32, 80. *P. red. ad Sen.*, 15, 38. Eutr.,
5, 7. Dio C., fr., 102, 11. 12 B. Oros., 5, 19. Sall , *hist.*, 1, 48, 19 D.
[4] Gran. Lic., p. 25.
[5] App., *b. c.*, 1, 71-73. Plut., *Mar.*, 42-44. *Crass.*, 4. Liv., *ep.*, 80.
Vell., 2, 22. Flor., 3, 21, 14. 16. Cic., *Tusc.*, 5, 19, 55. *Brut.*, 89, 307.
de Or., 3, 3, 10. *Sest.*, 21, 48. *Phil.*, 1, 14, 34. Ascon., p. 24. Schol. Bob.,
p. 299. 356. Schol. Gron., p. 410. Val. Max., 1, 6, 10. 5, 3, 3. 8, 9, 2. 9,
2, 2. Diod., 37, 40. 38, 4. Dio C., 45, 47.
[6] Val. Max., 4, 3, 44. Vell., 2, 22.
[7] Plut., *Mar.*, 43. Cf. Flor., 3, 21, 11. Aur. Vict., *Vir. ill.*, 67.

cinq nuits[1]; enfin Cinna et Sertorius, trouvant que la vengeance de Marius devait être satisfaite, firent surprendre et égorger pendant leur sommeil les fameux Vardéens[2].

Ce fut probablement un des nouveaux tribuns qui poursuivit le consul démissionnaire L. Cornelius Merula et le vieux Q. Lutatius Catulus, l'ancien collègue de Marius; il les accusa de haute trahison[3]; ils n'attendirent pas le jour du jugement; ils préférèrent se donner la mort[4]. Le sénat déclara Sylla ennemi du peuple romain (*hostis populi romani*)[5]. Sa maison fut rasée, ses biens confisqués[6], on abrogea toutes ses lois[7].

A la fin de 87, Cinna se fit proclamer consul avec Marius sans élection[8]. Le 1er janvier, conseillé par Marius et son fils, le tribun P. Popillius Lænas fit précipiter de la roche Tarpéienne le tribun syllanien de l'année précédente, Sex. Lucilius ou Lucinius[9]. Les autres tribuns s'étaient enfuis auprès de Sylla en apprenant qu'il les accusait; ils furent condamnés à l'exil[10]. Enfin la mort de C. Marius, survenue le 13 janvier 86, mit un terme aux vengeances de son parti[11]. A ses funérailles C. Flavius Fimbria, qui s'était signalé pendant les massacres en égorgeant un grand nombre de sénateurs[12], et qui était alors édile, prit des mesures pour faire égorger le grand pontife Q. Mucius Scevola; apprenant que sa blessure n'était pas mortelle, il résolut de l'accuser devant le peuple. Le procès n'eut pas lieu[13].

[1]) Dio C., fr., 102, 13, 14 B.
[2]) Plut., *Mar.*, 44. *Sert.*, 5. App., *b. c.*, 1, 74. Oros., 5, 19.
[3]) App., *b. c.*, 1, 74. Diod., 38, 4.
[4]) Plut., *Mar.*, 44. Vell., 2, 22. Flor., 3, 21, 15. 16. Val. Max., 9, 12, 4. 5. Cic., *de Or.*, 3, 3, 9. *Brut.*, 89, 307. *Nat. deor.*, 3, 32. 80. *Tusc.*, 5, 19, 56.
[5]) App., *Mithr.*, 51. 60. *b. c.*, 1, 73. 81.
[6]) App., *b. c.*, 1, 73. Eutr., 5, 7.
[7]) App., *b. c.*, 1, 73.
[8]) Liv., *ep.*, 80. App., *b. c.*, 1, 75. Plut., *Mar.*, 45. Vell., 2, 23.
[9]) Vell., 2, 24. Liv., *ep.*, 80. Plut., *Mar.*, 45. Dio C., fr., 102, 15 B.
[10]) Vell., 2, 24. Cf. Dio C., fr., 102, 15 B.
[11]) App., *b. c.*, 1, 75. Plut., *Mar.*, 45. 46. Diod., 37, 40. Liv., *ep.*, 80. Vell., 2, 23. Flor., 3, 21, 17. Oros., 5, 19. Aur. Vict., *Vir. ill.*, 67.
[12]) Liv., *ep.*, 80. Flor., 3, 21, 14.
[13]) Cic., *Rosc. am.*, 2, 33. Val. Max., 9, 11, 12.

Cinna prit pour collègue[1] un certain L. Valerius Flaccus, ancien édile de 98, qu'il ne faut pas confondre avec le consul du même nom de l'an 100. Les partisans de Sylla s'étaient réfugiés en Grèce auprès de leur chef[2], les violences prirent fin ; il y eut à Rome une période de calme relatif dont profita le parti de Marius pour affermir sa domination. On dut supprimer de nouveau la loi *Plautia judiciaria*, et rendre toutes les places de juges aux chevaliers, puisque immédiatement avant la loi Cornelia de 81, nous les trouvons seuls investis du pouvoir judiciaire[3]. On avait déjà supprimé, nous l'avons vu, les lois Corneliæ de 88. On mit à la tête des provinces des personnes dévouées aux consuls : ainsi, en Afrique, le syllanien Sextius[4] fut remplacé par C. Fabius Hadrianus[5]. On alla jusqu'à charger le consul L. Valerius Flaccus de prendre le commandement de la guerre contre Mithridate à la place de Sylla[6]. Ensuite on prit des dispositions pour assurer au parti de Marius la sympathie du peuple. Avant de quitter Rome en compagnie de C. Flavius Fimbria, qui devait être son lieutenant, le consul L. Valerius Flaccus proposa la loi *Valeria de ære alieno* : en vertu de cette loi, les débiteurs pouvaient s'acquitter en payant le quart seulement de leur dette[7]. Il faut reconnaître que la mesure était jusqu'à un certain point nécessaire : un grand nombre de citoyens avaient perdu toute leur fortune en Asie, et étaient devenus insolvables[8]. Parmi les mesures favorables au peuple, il faut encore comprendre le procès intenté au jeune Cn. Pompeius, fils de Strabo. On demanda la confiscation de ses biens pour indemniser le trésor de la perte du butin fait à Asculum[9], Strabo

---

[1]) App., *b. c.*, 1, 75. *Mithr.*, 51. Plut., *Sull.*, 20. Vell., 2, 23.

[2]) Vell., 2, 23. Eutr., 5, 7. Oros., 5, 20. Plut., *Sull.*, 22. Dio C , fr., 106, 1 B.

[3]) Vell., 2, 32. Cic., *in Verr. act.*, 1, 13, 37 et seq. Ps. Ascon., p. 99. 102. 103. 145. Schol. Gron., p. 384.

[4]) App., *b. c.*, 1, 62. Plut., *Mar.*, 40.

[5]) Liv., *ep.*, 84. 86. Oros., 5, 20. Diod., 38, 14.

[6]) App., *b. c.*, 1, 75. *Mithr.*, 51. Plut., *Sull.*, 20.

[7]) Vell., 2, 23. Sall., *Cat.*, 33. Cic., *Font.*, (fragm. de Nieb.) 1. Quinct., 4, 17. Cf. Mommsen, *Münzwesen*, p. 385.

[8]) Cic., *Leg. Man.*, 7, 19. Cf. Cæc., 4, 11.

[9]) Oros., 5, 18.

l'avait gardé pour lui. Cn. Pompeius fut cependant acquitté[1] ; le tribunal était présidé par P. Antistius, dont il épousa bientôt la fille. Il fut défendu par L. Marcius Philippus, par Q. Hortensius[2], et, ce qui était plus significatif, par un partisan bien connu de Marius, par Cn. Papirius Carbo[3].

On avança l'époque du recensement qui eut lieu en 86 et l'année suivante. Les nouveaux censeurs furent L. Marcius Philippus, ancien défenseur des chevaliers à l'époque des réformes de Livius, devenu aussi partisan de Marius[4], et M. Perperna, fils du vainqueur d'Aristonicus, ancien consul de 92. Ils ne réussirent pas mieux que les censeurs de 89 à dresser la liste des nouveaux citoyens : ils n'en purent inscrire que 463,000[5] ; or en 115 leur nombre était déjà de 394,336. On explique de plusieurs manières pourquoi le nombre des citoyens est relativement si peu élevé ; d'abord les Italiens négligèrent de faire valoir les droits que leur conférait la loi Plautia Papiria ; les fonctionnaires chargés de dresser les listes ne s'acquittèrent pas de leurs fonctions avec tout le soin désirable[6] ; on n'inscrivit pas les absents[7], on ne tint pas compte des promesses[8] faites aux Samnites par Cinna, puisqu'on n'entend plus parler avant 84 de la loi *Cornelia de novorum civium et libertinorum suffragiis*. Ils dressèrent la liste du sénat[9], et exclurent de la haute assemblée[10] l'ancien préteur Appius Claudius, à qui on avait retiré l'imperium ; peut-être fut-il exclu pour sa négligence à dresser les listes de nouveaux citoyens. Le prince du sénat fut L. Valerius Flaccus, le collègue dévoué de Marius en 100 ; il avait été censeur en 97 ; comme Philippus, il ne cachait pas son mé-

---

[1] Plut., *Pomp.*, 4.
[2] Plut., *Pomp.*, 2. Cic., *Brut.*, 64, 230.
[3] Val. Max., 5, 3, 5. 6, 2, 8.
[4] Cic., *ad Att.*, 8, 3, 6.
[5] Hieron., *ad Chron.*, Euseb., p. 133, Schöne.
[6] Cic., *Arch.*, 5, 9.
[7] Cic., *Arch.*, 5, 11.
[8] Liv., *ep.*, 84.
[9] Dio C., 41, 14. Val. Max., 8, 13, 4. Plin., *n. h.*, 7, 48, 49, 156.
[10] Cic., *de Dom.*, 32, 84.

pris pour Cinna[1]. Les censeurs affermèrent aussi les impôts[2].

Malgré les efforts des censeurs, pendant que Cinna fut
maître de l'État, la situation de Rome fut bien mauvaise : l'il-
légalité régnait partout[3]. Cinna ne possédait pas les talents,
ni l'énergie nécessaire pour créer des institutions nouvelles
adaptées à l'état nouveau produit par la révolution. Maître du
pouvoir, il oublia qu'il devait le succès à la démocratie; il ne
tint aucun compte, du moins en apparence, de la souveraineté populaire. En 86, sans tenir compte de la loi, il se fit
proclamer consul avec Cn. Papirius Carbo, pour l'année 85,
et probablement aussi pour 84[4]. Les chevaliers profitèrent de
la situation pour s'enrichir; on donna bientôt aux partisans
de Cinna le surnom de concussionnaires (*sæcularii*)[5]. Les chevaliers exploitèrent d'abord à leur profit la loi *Valeria de ære
alieno*[6], puis ils spéculèrent sur les deniers altérés en vertu
de la loi *Livia*[7]; les préteurs et les tribuns de 85 ou de 84,
voulurent arrêter ce honteux trafic : ils supprimèrent le cours
forcé des deniers altérés, et défendirent de s'en servir pour
les paiements avant d'en avoir fait vérifier la valeur dans
des bureaux établis par eux; l'État dut retirer ceux qui
n'avaient pas la valeur exigée. M. Marius Gratidianus publia
le premier l'édit avant ses collègues; le peuple lui témoi-
gna sa reconnaissance en lui élevant un grand nombre de
statues[8].

En 85, on reçut des nouvelles de Sylla, elles n'étaient pas
rassurantes pour le parti de Cinna.

Au moment où Sylla quittait l'Italie, au début de 87, Mithridate avait fait de grands progrès[9]. Il avait battu M. Aqui-

1) Cic., *ad Att.*, 8, 3, 6.
2) Cic., *in Verr. accus.*, 1, 55, 143.
3) Cic, *Brut.*, 63, 227. Cf. *pro Quinct.*, 21, 69.
4) Liv., *ep.*, 88. Aur. Vict., *Vir. ill.*, 69. App., *b. c.*, 1, 75. 77.
5) Ascon., p. 90.
6) Cic., *Font.*, 1, 1. Quinct., 4, 17.
7) Cic., *de Off.*, 3, 20, 80.
8) Cic., *de Off.*, 3, 20, 80. Plin., *n. h.*, 33, 9, 46, 132. 34, 6, 12, 27.
Sen. *de Ira*, 3, 18. Cf. Mommsen, *Münzwesen*, p. 388.
9) Plut., *Sull.*, 11.

liuš[1], et fait égorger le même jour tous les Romains qui se trouvaient en Asie-Mineure[2]. Il avait même gagné à sa cause les îles grecques : Rhodes seule lui avait opposé une énergique résistance[3]. Il s'arrêta à Pergame pour réorganiser l'Asie en vue de ses entreprises futures ; il y fit subir de longs supplices à Aquilius, livré par les Mityléniens[4], et finit par le faire mourir d'une mort atroce[5] ; pendant ce temps, son lieutenant Archelaüs battait Bruttius Sura, lieutenant du préteur de Macédoine, C. Sentius, occupait Athènes et le Pirée, et se rendait maître de la Grèce presque tout entière[6].

Sylla avait d'abord envoyé son questeur[7] L. Licinius Lucullus en Grèce ; Lucullus avait ordonné à Sura de retourner dans la province de son préteur[8]. Arrivé en Grèce, Sylla commença les opérations par le siège d'Athènes ; le tyran Aristion lui opposa une longue résistance, Athènes ne fut prise que le 1er mars 86[9]. Sylla battit ensuite Archelaüs à Chéronée, puis à Orchomène en 85[10]. Déjà Mithridate demandait à traiter ; Sylla, après avoir pris la flotte d'Archelaüs[11], chargea ce dernier de faire connaître au roi ses conditions : Mithridate devait abandonner les îles grecques, l'ancienne province d'Asie,

---

[1]) Liv., ep., 77. Just., 38, 3. 4. App., *Mith.*, 19. Memnon apud Phot., p. 230 B. (= *hist. Grec.*, fragm., vol. III, p. 541.).

[2]) Liv., ep., 78. Vell., 2, 18. Flor., 3, 5, 7. Eutr., 5, 5. Oros., 6, 2. Aur. Vict., *Vir. ill.*, 76. Cic., *Flac.*, 24, 57. 25, 60. *Leg. Man.*, 3, 7. Val. Max., 9, 2, ext., 3. App., *Mith.*, 22. Plut., *Sull.*, 24. *Pomp.*, 37. Dio C., fr., 101 B. Memnon., p. 231.

[3]) Liv., ep., 78. Vell., 2. 18. Flor., 3, 5, 8. Cic., *in Verr. accus.*, 2, 61, 159. *Rab. post.*, 10, 27. App., *Mithrid.*, 24 et seq. Diod., 37, 38. Memnon., p. 230.

[4]) Vell., 2, 18. Plut., *Luc.*, 4. Cf. Diod., 37, 37.

[5]) Liv., ep., 78. Cic., *Leg. Man.*, 5, 11. Schol. Gron., p. 439. Val. Max., 9, 13, 1. Plin., *n. h.*, 33, 3, 14, 48. App., *Mithrid.*, 21, 112.

[6]) App., *Mithr.*, 27-29. Plut., *Sull.*, 11. Liv., ep., 78.

[7]) Cf. Cic., *Acad.*, pr., 2, 1, 1. 4, 11. *Arch.*, 5, 11.

[8]) Plut., *Sull.*, 11. *Cim.*, 1. 2.

[9]) Plut., *Sull.*, 12-14. App., *Mithr.*, 31-40. Dio C., fr. 103 B. Liv., ep., 81. Obseq., 56. Vell., 2, 23. Flor., 3, 5, 10. Oros., 6, 2. Eutr., 5, 6. Memnon, p. 231.

[10]) Plut., *Sull.*, 15-21. App., *Mithr.*, 41-50. Dio C., fr. 103, 3 B. Paus., 1, 20, 4. Liv., ep., 82. Vell., 2, 23. Flor. 3, 5, 11. Eutr., 5, 6. Oros., 6, 2. Gran. Lic., p. 33.

[11]) Liv., ep., 82.

et céder en outre la Paphlagonie; il devait encore rendre la
Cappadoce à Ariobarzane et la Bithynie à Nicomède, payer
2,000 ou 3,000 talents, et livrer 70 ou 80 vaisseaux complètement équipés; à ces conditions, Sylla consentait à respecter,
au nom de Rome, le royaume paternel de Mithridate[1].

Au moment même où l'on apprenait que Sylla se préparait
à traiter, on apprenait aussi ce qu'était devenu le consul
Flaccus, chargé de combattre Mithridate à la place de Sylla.
Entre les deux batailles de Chéronée et d'Orchomène, il avait
traversé la Thessalie[2] sans être inquiété par Sylla, puis s'était
brouillé, on ne sait pour quel motif[3], avec son lieutenant
Fimbria; à peine arrivé en Asie, il fut assassiné avant d'avoir
pu commencer les opérations[4]. L'armée détestait Flaccus à
cause de son avarice, elle acclama Fimbria et le proclama
son chef; Fimbria prit ainsi le commandement dans des conditions tout à fait illégales[5].

Le retour de Sylla pouvait s'effectuer d'un jour à l'autre;
d'autre part, il fallait pourvoir au remplacement de Fimbria
qui avait usurpé le commandement (le sénat lui donna, en
attendant que son successeur fût désigné, le titre de *legatus
proconsule*[6]). Les consuls déclarèrent qu'ils allaient faire des
préparatifs pour passer en Grèce[7]. Sur ces entrefaites, le
sénat reçut un rapport officiel de Sylla, il contenait le récit
de toutes les opérations jusqu'au moment où Mithridate avait
demandé à traiter; il se terminait par des menaces à l'adresse
de ses ennemis de Rome; le sénat résolut, sur la demande
du prince du sénat, d'envoyer une ambassade auprès de Sylla
pour lui proposer une transaction avec les partisans de Marius; le sénat exigea en même temps des consuls que les pré-

---

[1] Plut., *Sull.*, 22. App., *Mithr.*, 54. Gran. Lic., p. 33. 35. Dio C., fr.,
105 B. Memnon, p. 232.

[2] Plut., *Sull*, 20. App., *Mithr.*, 51.

[3] App., *Mithr.*, 52. Diod, 38, 8. Dio C., fr., 104 B.

[4] Cic., *Flacc.*, 24, 57. 25, 61.

[5] App., *Mith.*, 52. Plut., *Sull.*, 23. Strab., 13, 1, 27. Liv., *ep.*, 82.
Vell., 2, 24. Aur. Vict., *Vir. ill.*, 70. Oros., 6, 2.

[6] Memnon, p. 231.

[7] App., *b. c.*, 1, 76, Liv., *ep.*, 83.

paratifs fussent suspendus[1]. Les consuls, au contraire, les pres-
sèrent le plus possible[2], ils n'espéraient plus que Sylla leur
ferait des concessions. Mais au moment où l'armée allait
s'embarquer pour la Grèce, Cinna fut assassiné par ses soldats
à Ancône, au commencement de son quatrième consulat (84);
on lui reprochait d'avoir fait disparaître mystérieusement le
jeune Cn. Pompeius[3]. Carbo reçut l'ordre de revenir à Rome;
sa présence était nécessaire pour la réunion des comices et
l'élection d'un consul suffectus; pour le décider, il fallut le
menacer d'une accusation, lui déclarer qu'on supprimerait ses
pouvoirs (*imperium*) s'il refusait d'obéir. Carbo revint, mais,
après deux tentatives qui ne purent aboutir — les auspices
n'étaient pas favorables — les élections furent renvoyées
après le solstice d'été; Carbo fut pendant plusieurs mois seul
consul[4].

Le retour de Sylla était maintenant retardé; dans l'espoir
d'obtenir de meilleures conditions en traitant avec Fimbria,
Mithridate avait repoussé les propositions qui lui avaient été
faites par Sylla, il voulait surtout conserver la Paphlagonie[5].
Sylla, après avoir châtié les tribus thraces qui faisaient souvent des incursions en Macédoine[6], se prépara à passer en
Asie. Fimbria venait de battre Mithridate, de reprendre Pergame, il avait forcé le roi de Pont à se réfugier à Mitylènes[7]:
Mithridate eut alors une entrevue avec Sylla et accepta
toutes ses conditions[8]. Sylla eut ensuite à compter avec son
armée qu'exaspérait le traité de paix[9], elle aurait voulu con-
tinuer la guerre; il la dompta[10], et marcha contre Fimbria

[1] App., *b c.*, 1, 77. Liv., *ep.*, 83.
[2] App., *b. c.*, 1, 77.
[3] App., *b. c.*, 1, 78. Plut., *Pomp.*, 5. Zon., 10, 1. Liv., *ep.*, 83. Vell.,
2, 24. Aur. Vict., *Vir. ill.*, 69.
[4] App., *b. c.*, 1, 78. Liv., *ep.*, 83. Vell., 2, 24.
[5] App., *Mithr.*, 56. Plut., *Sull.*, 23.
[6] App., *Mithr.*, 55. Plut., *Sull.*, 23. Liv., *ep.*, 83. Eutr., 5, 7.
[7] Liv., *ep.*, 83. App., *Mithr.*, 52. Plut., *Luc.*, 3. *Sull.*, 23. Aur. Vict.,
Vir. ill., 70. Oros., 6, 2. Memnon., p. 231.
[8] App., *Mithr.*, 56 et seq. Plut., *Sull.*, 24. *Luc.*, 4. Dio C. fr., 105 B.
Liv., *ep.*, 83. Vell., 2, 23. Eutr., 5, 7. Memnon., p. 232.
[9] Sall., *Cat.*, 11.
[10] Plut., *Sull.*, 24.

qui venait de prendre et de détruire Ilion[1]. A l'approche de
Sylla, les soldats de Fimbria, habitués à une licence effrénée[2],
abandonnèrent leur chef; Fimbria n'eut plus qu'une ressource,
se donner la mort[3]. Son armée se joignit à celle de Sylla. Ce
dernier chargea C. Scribonius Curio de rétablir Nicomède et
Ariobarzane, puis il adressa un second rapport au sénat[4].

On peut féliciter Sylla d'avoir fait passer les intérêts de
Rome avant les intérêts de parti; en effet il aurait pu hâter
davantage la conclusion de la paix[5], tandis qu'il ne voulut
pas revenir en Italie pour se venger de ses ennemis avant
d'avoir rétabli l'ordre et l'autorité de Rome en Asie[6]. Il organisa la province d'Asie et la partagea[7] en quarante-quatre
circonscriptions financières[8]; aussi peu scrupuleux qu'en
Grèce, où il avait confisqué les trésors d'Épidaure, de Delphes
et d'Olympie pour frapper de la monnaie[9], il fit payer à la
province comme rançon de sa révolte une somme de 20,000 talents, et exigea en outre le paiement en une seule fois des
impôts de cinq ans[10]. Il ne s'occupa nullement de réprimer la
piraterie[11], que favorisait Mithridate et qui était le fléau de
l'Asie; il était grand temps pour lui de revenir à Rome.

L'ambassade du sénat avait rencontré Sylla au moment où il
allait passer en Asie, ou un peu après son arrivée sur ce conti-
nent. Sylla avait répondu qu'il se conformerait à la décision du
sénat, à la condition que l'on rappelât les citoyens bannis par
Cinna, et que lui-même fût replacé dans la situation où il

---

[1]) App., *Mithr.*, 53. Dio C., fr. 104, 7 B. Strab., 13, 1, 27. Liv., *ep.*,
83. Obseq., 56. Aur. Vict., *Vir. ill.*, 70. Oros., 6, 2. August., *de Civ. dei*.
3, 7.

[2]) Diod., 38, 9. 10.

[3]) App., *Mithr.*, 59. Plut., *Sull.*, 25. Diod., 38, 11. Strab., 13, 1, 27.
Liv., *ep.*, 83. Aur. Vict., *Vir. ill.*, 70. Oros., 6, 2.

[4]) App., *Mithr.*, 60.

[5]) App., *b. c.*, 1, 76. Flor., 3, 5, 11. Aur. Vict., *Vir. ill.*, 76.

[6]) Vell., 2, 24.

[7]) App., *Mithr.*, 61. Flor., 3, 5, 12.

[8]) Cassiod., *a*, 670, p. 622 (édit. Mommsen). Cic., *Flacc.*, 14, 32. ad.
Q. *frat.*, 1, 1, 11, 33.

[9]) App., *Mithr.*, 54. Diod. 38, 7. Plut., *Sull.*, 12. Luc., 2.

[10]) App., *Mithr.*, 62. Plut., *Sull.*, 25. Luc., 4. Cf. Ascon., p. 72. Cic.,
ad Q. *Fr.*, 1, 1, 11, 33.

[11]) App., *Mithr.*, 63. 92. Cf. Cic., *in Verr. accus.*, 1, 35.

était quand il avait quitté Rome ; du reste, ajouta-t-il, avec
mes soldats, je saurai bien protéger les citoyens qui sont
restés à Rome, et ceux qui se sont réfugiés auprès de moi[1].
Le sénat reçut cette réponse peu de temps après l'assassinat
de Cinna ; il fut tout disposé à se mettre du côté de Sylla, et
à subir ses conditions. Mais Carbo s'y opposa ; le sénat de
son côté attaqua le consul, et défendit à Carbo de se faire
donner des otages par les villes d'Italie comme gage de leur
fidélité[2]. Le sénat consentit cependant à reconnaître, sur la
demande de Carbo, le droit de suffrage aux nouveaux citoyens
dans le sens de la loi Cornelia ; Carbo dut alors faire voter
une loi *Papiria de novorum civium suffragiis*[3]. Carbo re-
marqua bientôt qu'il ne pouvait pas faire fonds sur le dévoue-
ment des nouveaux citoyens ; il fit rendre alors un sénatus-
consulte qui visait uniquement Sylla : *ut omnes ubique exer-
citus dimitterentur*[4]. Sylla ne parut pas s'en inquiéter. Carbo
reprit les préparatifs d'armement pour combattre Sylla ; il
présenta aussi une loi *Papiria de libertinorum suffragiis*, qui
reproduisait la seconde partie de la loi Cornelia, à laquelle
le sénat avait dû refuser son approbation ; en vertu de cette
loi, les affranchis devaient être répartis entre les trente-cinq
tribus[5]. Il réussit encore à faire nommer consuls pour 83 deux
partisans de Marius : L. Cornelius Scipio Asiaticus, un arrière-
petit-fils du vainqueur d'Antiochus ; pendant la guerre sociale,
il avait longtemps défendu Æsernia[6] ; le second consul fut
C. Norbanus Bulbus, le tribun de 105 qui avait renversé
Q. Servilius Cæpio ; poursuivi en 94 pour les violences dont il
s'était rendu coupable, il fut accusé du crime de lèse-majesté ;
en 88, pendant la guerre sociale, il était préteur en Sicile[7],
et avait empêché les Samnites et les Lucaniens de réaliser
leur projet de passer dans l'île[8]. Carbo fit proroger ses pou-

---

[1]) App., *b. c.*, 1, 79. Liv., *ep.*, 84.
[2]) Liv., *ep.*, 84. Cf. Val. Max., 6, 2, 10.
[3]) Liv., *ep.*, 84.
[4]) Liv., *ep.*, 84.
[5]) Liv., *ep.*, 84.
[6]) App., *b. c.*, 1, 41.
[7]) Cic., *in Verr. accus.*, 5,[4, 8. 3, 49, 117.
[8]) Diod., 37, 2.

voirs (*imperium*), et prit la Gaule cisalpine[1]. On peut encore compter parmi les préparatifs de la guerre civile l'établissement d'une colonie à Capoue[2]; la proposition fut faite par un des nouveaux tribuns, M. Junius Brutus.

Au commencement de l'année 83, celle qui vit disparaître la liberté politique de Rome[3], Sylla revint d'Asie; il s'était arrêté quelque temps à Athènes[4]; il ramenait une armée de 30 à 40,000 hommes, qui lui était entièrement dévouée; il débarqua à Brundisium, et arriva sans obstacle en Campanie où il battit C. Norbanus près de Capoue, sur le mont Tifata[5]; pour la première fois, deux armées composées de citoyens romains venaient de se battre en bataille rangée. Après son départ de Rome, Sylla, revêtu de l'autorité proconsulaire, avait séjourné quelque temps dans le sud de l'Italie pour essayer de gagner à sa cause le préteur d'Afrique C. Fabius Hadrianus; il avait échoué[6]. A son retour, il vit arriver dans son camp, pour se joindre à lui, Q. Metellus Pius[7]; ce fut pour son entreprise une excellente chance de succès[8], car, après tout, il n'avait pour lui ni le nombre ni la légalité qui faisaient la force de ses adversaires[9]. L'exemple de Metellus fut suivi par un grand nombre d'optimates, par M. Licinius Crassus entr'autres, qui, après avoir vu égorger son père et son frère, s'était réfugié en Espagne[10]; il fut suivi aussi par d'anciens partisans de Marius, tels que P. Cornelius Cethegus, que Sylla avait fait déclarer ennemi du peuple romain en 88[11]. Le fils de Cn. Pompeius Strabo rendit un plus important service à la cause de Sylla; il recruta dans le Picenum, où son père avait de nombreux clients, une petite armée de trois légions,

---

[1]) App.. *b. c.*, 1, 82. Cic., *in Verr. accus.*, 1, 13, 34.
[2]) Cic., *de Leg. Agr.*, 1, 33, 89. 34, 92. 36, 98. Cf. *pro. Quinct.*, 20, 65.
[3]) Cic., *Font.*, 3, 6 Nieb.
[4]) Nep., *Att.*, 4.
[5]) Vell., 2, 24. 25. Liv., *ep.*, 85. Flor., 3, 21, 19. Eutr., 5, 7. Oros., 5, 20. App., *b. c.*, 1, 79. 84. Plut., *Sull.*, 27.
[6]) App., *b. c.*, 1, 80. Liv., *ep.*, 84. Plut., *Crass.*, 6.
[7]) App., *b. c.*, 1, 80. Cf. 84.
[8]) Dio C., fr., 106, 2 B.
[9]) App., *b. c.*, 1, 81-82. Plut., *Sull.*, 27.
[10]) Plut., *Crass.*, 6.
[11]) App., *b. c.*, 1, 80. Sall., *Hist.*, 1, 48, 20 D. Cf. Val. Max., 9, 2, 1.

et l'amena à Sylla[1] : il paralysa les efforts de Scipion et de Carbo, dont l'armée était encore supérieure en nombre à celle de Sylla[2].

Le consul Scipion vint arrêter la marche de Sylla et de Metellus entre Cales et Teanum. Sylla proposa d'ouvrir des négociations : il voulait, sans doute, déférant au désir du sénat, montrer qu'il avait sérieusement l'intention de mettre fin à la guerre civile, ou bien se donner le temps de corrompre l'armée du consul. Les discussions roulèrent sur les changements que l'on devait apporter dans la constitution pour réconcilier les deux partis ; on parla du rôle du sénat, de la tenue des comices, du droit de cité[3]. Les négociations furent rompues, parce que l'on exigea que Norbanus signât les conventions arrêtées ; mais, au moment où l'on allait en venir aux mains, l'armée de Scipion passa dans le camp de Sylla : elle reprocha au consul d'avoir fait échouer les pourparlers de réconciliation[4]. On laissa la liberté à Scipion qui dut abdiquer le consulat ; il s'exila volontairement à Marseille où il mourut peu de temps après[5]. Sylla put alors envoyer Metellus contre Carbo dans le nord de l'Italie ; il y envoya aussi Pompée qu'il avait salué du titre *d'imperator* la première fois qu'il l'avait rencontré ; Sylla voulait faire illusion, en le considérant comme un magistrat régulièrement investi du pouvoir, ce qui n'était pas le cas de Pompée[6].

Carbo venait de faire déclarer à Rome Metellus et les autres sénateurs qui s'étaient joints à Sylla, ennemis du peuple romain, *hostes populi romani*[7]. On rapporte ce fait que, pendant son séjour à Rome le Capitole fut incendié (6 juillet)[8]. Nor-

---

[1]) Plut., *Pomp.*, 6-7. Diod., 38, 12. 13. App., *b. c.*, 1, 80. Dio C., fr., 107 B. Zon., 10, 1. Liv., *ep.*, 85. Cæs., *b. Afric.*, 22. Vell., 2, 29.
[2]) Cic., *de Leg. man.*, 11, 30. *Phil.*, 5, 16, 43 et seq, Val. Max., 5, 2, 9. Schol. Gron., p. 441.
[3]) Cic , *Phil.*, 12, 11, 27. 13, 1, 2.
[4]) App., *b. c.*, 1, 85. Plut., *Sull.*, 28. Sert., 6. Liv., *ep.*, 85. Vell., 2, 25. Flor.. 3, 21, 19. Eutr., 5, 7. Sall., *Hist.*, 1, 57 D. Exuper., 7.
[5]) Schol. Bob., p. 293. Cic., *Sest.*, 3, 7. Diod., 38, 19.
[6]) Plut., *Pomp.*, 8.
[7]) App., *b. c.*, 1, 86. Cf. pour Metellus, 1, 81.
[8]) Plut., *Sull.*, 27. App., *b. c.*, 1, 86. 83. Dio C., fr., 106, 3 B. Dion.,

banus dut aussi faire un séjour à Rome avant de se rendre dans l'Italie du nord[1] : il présida les comices où furent élus les nouveaux magistrats. Les consuls furent Cn. Papirius Carbo, consul pour la troisième fois, et le jeune C. Marius qui n'avait pas encore l'âge exigé par la loi[2]. Les pouvoirs de Norbanus furent prorogés[3]. Le nom de Marius suffit pour rallier un grand nombre de vétérans qui avaient servi sous le vieux Marius[4]. Sylla passa le reste de l'année dans l'Italie méridionale où il organisa ses forces[5]. Il négocia avec les alliés, promit de respecter leur droit de cité et de leur reconnaître le droit de suffrage dans les 35 tribus : Sylla approuva donc la loi Papiria de 84. Il ne fit une si grande concession que pour détacher les alliés du parti de Carbo, et les décider à le soutenir[6]. Dans le nord, on livra des combats qui ne furent pas décisifs[7]; Sylla réussit encore à semer la trahison dans l'armée de Carbo, et à la désorganiser. Son questeur, qui devint si tristement célèbre plus tard, C. Verres, s'enfuit auprès de Sylla en emportant la caisse de l'armée[8]. Sylla était maintenant certain de la victoire; il fixa les jours auxquels ses ennemis auraient à répondre de leur conduite devant les tribunaux de Rome[9].

En 82, sous le consulat de Carbo et de Marius, le sénat fut obligé de faire fondre les ornements des temples pour payer la solde de l'armée qui soutenait le parti de Marius[10]. Après un hiver rigoureux, les opérations militaires furent reprises : C. Marius fut battu à Sacriport, et dut se réfugier dans Pré-

4, 62. Cic., *in Verr. accus.*, 4, 31, 69. Cat., 3, 4, 9. Tac., *Hist.*, 3, 72. Plin., *n. h.*, 33, 1, 5, 16. Cassiod., *a*, 671, p. 622 (édit. Mommsen).

1) App., *b. c.*, 1, 86.
2) Liv., *ep.*, 86. Vell., 2, 26. Aur. Vict., *Vir. ill.*, 68. App., *b. c.*, 1, 87. Cf. Sall., *Hist.*, 1, 24 D.
3) App., *b. c.*, 1, 90.
4) Diod., 38, 15.
5) App., *b. c.*, 1, 86.
6) Liv., *ep.*, 86. Cf. Exuper., 5.
7) Plut., *Sull.*, 27. Liv., *ep.*, 85.
8) Cic., *in Verr. accus.*, 1, 12, 34 et seq., 1, 4, 11, 1, 30, 77. 3, 76, 177. Ps. Ascon., p. 129. 158. 168. Schol. Gron. p. 387. 300.
9) Liv., *ep.*, 86.
10) Val. Max., 7, 6, 4. Cf. Plin., *n. h.*, 33, 1, 5, 16.

neste[1]. A Rome, le préteur L. Junius Brutus Damasippus exécuta un ordre qui avait déjà été communiqué à C. Marius; pendant une séance du sénat, il fit égorger les optimates les plus en vue : C. Papirius Carbo Arvina, qui, quoique cousin du consul, défendait le parti des nobles ; L. Domitius Ahenobarbus, qui après avoir été un préteur sévère en Sicile[2], était devenu consul en 94 ; P. Antistius, beau-père du jeune Cn. Pompée, et enfin le vénérable Q. Mucius Scévola, consulaire et grand pontife[3]. Ce furent les dernières exécutions faites par les successeurs de Marius ; Sylla, laissant la direction du siège de Préneste[4] à son lieutenant Q. Lucretius Ofella (un ancien partisan de Marius[5], rallié à sa cause), entra enfin dans Rome. Il ne dut pas y faire un long séjour ; Carbo et Norbanus, vainqueurs de Metellus et de Pompée[6], parce que leur armée était plus nombreuse, venaient secourir Préneste : il fallut les arrêter et les battre. Pendant les quelques instants passés à Rome, Sylla eut le temps de faire décréter la vente des biens appartenant aux partisans de Marius qui avaient quitté la ville ; il convoqua aussi une assemblée, et harangua le peuple pour le gagner à sa cause[7].

Sylla marcha vers le nord et livra à Carbo la bataille indécise de Clusium[8]. Grâce au zèle déployé par Metellus, Pompée, M. Licinius Crassus, P. Servilius, M. Lucullus[9], la campagne fut malheureuse pour le parti de Marius ; Carbo, perdant tout espoir de sauver Préneste, abandonna son armée, et s'enfuit en Afrique[10]; Norbanus, trahi à Ariminum, par

---

[1]) App., *b. c.*, 1, 87. Plut., *Sull.*, 28. Liv., *ep.*, 87. Flor., 3, 21, 23. Aur. Vict., *Vir. ill.*, 68. Oros., 5, 50.

[2]) Cic., *in Verr. accus.*, 5, 3, 7. Val. Max., 6, 3, 5.

[3]) App., *b. c.*, 1, 88. Vell., 2, 26. Liv., *ep.*, 86. Flor., 3, 21, 20. Oros., 5, 20. Cic., *Brut.*, 90, 311. *de Or.*, 3, 3, 10. *Nat. deor.*, 3, 32, 80. *ad Fam.*, 9, 21, 3 Diod., 38, 20. Plut., *Pomp.*, 9. Val. Max., 9, 2, 3.

[4]) Vell., 2, 27.

[5]) App., *b. c.*, 1, 88. Dio C., fr., 108 B.

[6]) App., *b. c.*, 1, 87. 88.

[7]) App., *b. c.*, 1, 89. Liv., *ep.*, 87. Eutr., 5, 8.

[8]) App., *b. c.*, 1, 89.

[9]) App., *b. c.*, 1, 89-92. Plut., *Sull.*, 28. *Crass.*, 6. Liv., *ep.*, 87. 88. Vell., 2, 28, Oros., 5, 20.

[10]) App., *b. c.*, 1, 92. Plut., *Sull.*, 28. Eutr., 5, 8. Sall., *Hist.*, 1, 28 D.